QUE SAIS-JE ?

Le libre-échange

PASCAL SALIN
Professeur à l'Université Paris-Dauphine

ISBN 2 13 052750 7

Dépôt légal — 1re édition : 2002, mai

INTRODUCTION

La libéralisation des échanges est un fait majeur de l'évolution du monde au cours des années ou même des décennies récentes. Elle se traduit, d'une part, par la création d'ensembles régionaux – dont l'Union européenne est évidemment l'un des exemples les plus connus – et d'autre part, par des efforts pour alléger ou supprimer les obstacles aux échanges au niveau mondial. Mais cette évolution s'accompagne dans certains pays d'une contestation croissante de ce que l'on a coutume d'appeler la mondialisation. Il est donc particulièrement important à notre époque de comprendre les conséquences de la liberté des échanges et les raisons pour lesquelles elle est souhaitable. Mais la réflexion sur la liberté des échanges implique aussi, nécessairement, un examen détaillé et précis des arguments de ceux qui craignent la libéralisation mondiale. Tel est l'objet du présent livre.

La liberté des échanges peut se définir de manière « négative » comme une situation dans laquelle les obstacles à l'échange de nature institutionnelle sont inexistants. Elle n'implique pas, évidemment, la suppression des obstacles géographiques, physiques ou linguistiques. Symétriquement, le protectionnisme est l'ensemble des mesures d'origine étatique qui consistent à limiter, à interdire, à contrôler ou à influencer les échanges internationaux. Le protectionnisme est donc le résultat d'un pouvoir de contrainte publique qui vient interférer avec les processus d'échange fondés sur la libre volonté de ceux qui sont directement concernés par ces échanges.

Il introduit donc une discrimination dans les échanges selon qu'ils prennent place entre les résidents d'un même pays ou entre les résidents de ce pays et les résidents de pays étrangers. En ce sens, le protectionnisme est un *nationalisme réglementaire.*

On a coutume d'envisager le protectionnisme essentiellement comme une politique concernant les échanges de produits. En réalité, comme nous le verrons, on peut donner une interprétation plus extensive du protectionnisme, incluant par exemple les mouvements de facteurs de production.

Les pratiques protectionnistes sont anciennes, elles sont par ailleurs utilisées à travers le monde entier. Est-ce à dire qu'elles sont fondées ? Seule une analyse rigoureuse permet de répondre à cette question. Nous donnons les grandes lignes de cette analyse dans le présent ouvrage : les chapitres I à III permettront d'abord d'analyser la liberté des échanges, de comprendre les conséquences et les modalités du protectionnisme et de comparer les situations protectionnistes aux situations de libre-échange.

Nous arriverons alors à un paradoxe : le protectionnisme semble nuisible et pourtant il est généralisé. Faut-il penser qu'en dépit des propositions générales hostiles au protectionnisme certaines situations spécifiques le justifient tout de même ? Il existe effectivement toute une série d'arguments en faveur du protectionnisme. Nous les examinons au chapitre IV. Mais, en réalité, le protectionnisme est essentiellement un phénomène institutionnel et social, résultant du jeu des forces politiques (chap. V).

En dépit de ces forces défavorables à la liberté des échanges, il est possible de progresser dans la voie de la libéralisation. Avant d'évoquer certains exemples historiques en ce sens dans le chapitre VII, nous en étudierons les processus dans le chapitre VI.

Chapitre I

JUSTIFICATION DU LIBRE-ÉCHANGE

Les êtres humains diffèrent les uns des autres, aussi bien en ce qui concerne leurs capacités productives spécifiques que leurs besoins. Ce simple fait d'observation explique l'échange et permet de comprendre pourquoi il est avantageux. Nous étudierons d'abord l'échange entre individus. Les principes généraux que nous en tirerons permettront, par simple extension, de comprendre ensuite les échanges entre des ensembles d'individus, par exemple ceux qui constituent une « nation » et qui pratiquent, par conséquent, ce qu'on appelle l'échange *international.*

I. – L'échange entre individus

Pour bien comprendre le phénomène de l'échange, imaginons tout d'abord un monde très simplifié où il existerait seulement deux individus, Pierre et Paul, et deux biens, le blé et le vin. Si l'échange est impossible entre ces deux individus, pour une raison ou pour une autre, chacun devra donc pourvoir à ses propres besoins. Supposons que Pierre soit plus habile que Paul pour les deux productions. Ainsi, en une journée de travail, il est capable de produire 4 kg de blé ou 2 l de vin, alors que Paul ne peut produire que 1 kg de blé ou 1 l de vin.

Chacun d'entre eux choisit de répartir son temps entre les deux activités en fonction de ses préférences.

Supposons, par exemple, que Pierre ait décidé une utilisation de son temps telle qu'en moyenne il produit chaque jour 2 kg de blé et 1 l de vin (c'est-à-dire qu'il consacre autant de temps à chacune de ces activités). S'il veut changer la structure de sa production, par exemple dans le but de consommer plus de vin, il doit abandonner la production de 2 kg de blé pour obtenir 1 l de vin supplémentaire. On peut appeler « taux de transformation individuel » le rapport entre les quantités produites de chaque bien par unité de temps. Pour Pierre, ce taux est égal à 1/2, c'est-à-dire qu'il peut substituer la production de 1 l de vin à la production de 2 kg de blé ou inversement. Pour Paul, le taux de transformation individuel est égal à 1/1 : pour produire 1 kg de blé supplémentaire il doit sacrifier 1 l de vin, pour produire 1 l de vin supplémentaire il doit renoncer à 1 kg de blé.

Or, supposons maintenant que les échanges deviennent subitement possibles entre ces deux individus. Une vue superficielle de la situation pourrait conduire à penser que Pierre va se substituer à Paul dans les deux activités puisqu'il est plus productif dans ces deux domaines[1]. Or, ce qui va expliquer l'échange et l'activité productive de chaque individu, ce n'est pas le fait que leur productivité – c'est-à-dire leur production par unité de temps – soit différente en termes absolus (Pierre étant plus productif que Paul pour toutes les productions) ; c'est le fait qu'il existe des différences *relatives* de productivité. Certes, Pierre est plus productif que Paul pour la production de vin, mais il est relativement *encore plus* productif pour la production de blé.

1. On fait un raisonnement du même genre lorsqu'on prétend, par exemple, qu'un pays « défavorisé » n'a rien à échanger. Nous allons voir que cette idée est erronée.

Étant donné que Pierre ne dispose pas de ressources en temps illimitées, il gaspillerait son temps s'il voulait produire lui-même tout ce dont il a besoin, alors qu'il peut avoir recours à l'échange. Pour produire 1 l de vin supplémentaire Pierre doit sacrifier 2 kg de blé, alors que Paul doit sacrifier seulement 1 kg de blé. C'est cette différence qui explique l'intérêt de l'échange et qui permet de comprendre pourquoi l'échange va avoir lieu. Il est, en effet, de l'intérêt des deux individus de se *spécialiser* plutôt dans la production de l'un des deux biens, d'en vendre une partie et de se procurer ainsi l'autre bien. Dans notre exemple, Pierre aura intérêt à se spécialiser dans la production de blé – pour laquelle il est *relativement plus apte* – et d'acheter du vin contre du blé, s'il peut obtenir plus de 1 l de vin contre 2 kg de blé. De la même manière, Paul a intérêt à se spécialiser dans la production de vin s'il peut obtenir plus de 1 kg de blé contre 1 l de vin. On voit bien que ces désirs sont conciliables.

Appelons prix de marché la quantité d'un bien que l'on obtient contre un autre bien dans l'échange. Si, par exemple, les deux partenaires éventuels se mettent d'accord pour un prix de marché égal à 1/1,5 – c'est-à-dire qu'ils échangent 1 l de vin contre 1,5 kg de blé –, l'échange est avantageux pour les deux partenaires : afin d'obtenir 1 l de vin, Pierre doit renoncer à 1,5 kg de blé seulement, alors qu'il aurait dû renoncer à 2 kg de blé s'il avait voulu produire son vin lui-même. Paul obtient 1,5 kg de blé en sacrifiant 1 l de vin, alors qu'il n'aurait obtenu que 1 kg de blé s'il avait voulu produire son blé lui-même.

Chacun des deux échangistes accepte de faire l'échange, alors qu'il serait libre de ne pas le faire. C'est bien la preuve que l'échange apporte à chacun un gain que nous ne pouvons pas mesurer, mais dont l'existence est certaine. Nous ne pouvons pas mesurer ce gain parce qu'il est de nature *subjective* : si Pierre accepte de vendre 1,5 kg de blé pour obtenir 1 l de vin, c'est parce que l'utilité *pour lui* de 1 l de vin est supérieure à l'utilité de 1,5 kg de blé. Pour Paul, c'est exactement l'inverse qui se produit : l'utilité pour lui de 1 l de vin est inférieure à l'utilité de 1,5 kg de blé. L'échange naît de ces différences dans l'évaluation *subjective* et *relative* de l'utilité des biens. Quelles en sont les raisons ? Elles peuvent tenir à des différences du côté de la production, venant par exemple du fait que les deux individus ont des capacités productives relatives différentes (Pierre étant relativement plus productif dans la production de blé que de vin). Mais elles peuvent aussi tenir à des différences relatives dans les préférences et les besoins (Pierre étant relativement plus désireux de consommer du vin).

Peu importent d'ailleurs les raisons précises de cet échange. Nous savons de manière indubitable que, dès lors que des différences relatives entre individus existent, soit du point de vue de leurs capacités productives, soit du point de vue de leurs préférences, il y a des possibilités d'échange et il y a un gain dû à l'échange. Ce gain n'est pas mesurable, puisqu'il est de nature subjective, mais il n'en est pas moins très concret. Autrement dit encore, les valeurs échangées au cours d'une transaction quelconque, c'est-à-dire les valeurs exprimées en termes de prix de marché de ce qui est acheté et de ce qui est simultanément vendu, sont strictement équivalentes. Supposons que l'on choisisse d'exprimer le prix des biens en termes de numéraire-blé – c'est-à-dire que le blé sert d'étalon de mesure – et que 1 l de vin vaut 1,5 kg de blé. Si, par exemple, Pierre vend 15 kg de blé et achète 10 l de vin, la « valeur » – exprimée en termes de kilos de blé – de ce qu'il vend est égale à 15 et la « valeur » de ce qu'il achète est également égale à 15 (puisque 1 l de vin « vaut » 1,5 kg de blé sur le marché, c'est-à-dire dans l'échange). Il y a donc bien équivalence des *valeurs échangées* (exprimées en termes d'un même numéraire, ici le blé). Mais ces valeurs échangées – qui sont au demeurant mesurables – ne doivent pas être confondues avec les *valeurs subjectives,* c'est-à-dire l'appréciation de l'utilité des différents biens par un individu en ce qui le concerne. Bien que la valeur mesurée (ou valeur d'échange) de ce qui est acheté par Pierre soit égale à la valeur mesurée de ce qu'il vend, il fait un gain, c'est-à-dire que la valeur subjective (pour lui) de ce qu'il achète est supérieure à la valeur subjective de ce qu'il vend, sinon il n'effectuerait pas la transaction en question. Il en va symétriquement pour Paul.

Ainsi, l'équivalence comptable des valeurs échangées ne doit pas masquer ce phénomène fondamental que *l'échange est productif,* en ce sens qu'il est *créateur de valeur,* c'est-à-dire qu'il permet aux *deux* partenaires dans l'échange de se placer dans des situations qu'ils préfèrent. Autrement dit encore, lorsque l'échange est possible et autorisé, un individu pourrait très bien ne pas échanger effectivement. S'il se lance dans l'échange, c'est parce qu'il en tire un profit.

II. – L'échange international

C'est de cette création de valeur que vient essentiellement la *justification fondamentale du libre-échange* : si un échange libre a lieu, nous sommes certains, sans même avoir à le leur demander, qu'il est profitable pour *toutes* les parties à l'échange. Cela est vrai lorsqu'on considère l'échange entre deux individus, comme dans l'exemple ci-dessus, mais également si l'on considère les échanges entre des ensembles d'individus, par exemple ceux qui constituent des pays. Un pays peut en effet se définir comme un ensemble d'individus situés sur un territoire donné et soumis à un système de pouvoir. Si le pouvoir en question n'empêche pas les échanges libres entre cet ensemble d'individus et les autres ensembles (c'est-à-dire les autres pays), on dira qu'il y a libre-échange, ce terme étant réservé en général pour caractériser les échanges entre habitants de pays différents – ce que l'on appelle les échanges *inter-nationaux* – et non les échanges entre individus du même pays. La situation contraire – celle où des contraintes spécifiques sont imposées aux échanges inter-nationaux – correspond au protectionnisme.

Supposons pour simplifier qu'il existe deux pays dans le monde, A et B, et deux produits, le blé et le vin. Si, en moyenne, les habitants du pays A achètent du vin et vendent du blé, c'est parce que :

- ils sont *relativement* plus aptes dans leur ensemble[1] à produire du blé que du vin *par rapport* aux habitants du pays B ;
- et/ou ils préfèrent relativement le vin au blé par rapport aux habitants du pays B.

La nature du problème n'est évidemment pas modifiée si l'on introduit la monnaie dans le raisonnement. Celle-ci sert à la fois d'intermédiaire dans les échanges et de réserve de valeur, mais seul le premier

1. Bien entendu, il se peut que certains habitants du pays A soient relativement plus aptes à produire du vin que du blé et soient donc spécialisés dans cette production. Mais l'hypothèse ci-dessus consiste seulement à supposer que *globalement* les habitants de A sont relativement plus aptes à produire du blé.

de ces rôles nous intéresse ici[1]. Ainsi, la transaction précédente consistant à échanger du blé contre du vin sera séparée en deux transactions, l'une consistant à échanger du blé contre de la monnaie et l'autre consistant à échanger du vin contre de la monnaie : Pierre, par exemple, vendra 15 kg de blé (à Paul ou à une autre personne) contre une quantité de monnaie valant – en termes de prix de marché – 15 kg de blé. Et il utilisera cette somme pour acheter (à Paul ou à une autre personne) 10 l de vin qui valent 15 kg de blé en termes de prix de marché.

On peut d'ailleurs imaginer – comme cela se passe de nos jours – que, au lieu de définir la monnaie à partir d'une certaine quantité de marchandises[2], on lui donne un nom arbitraire, par exemple le franc (F). Si l'on utilise la monnaie comme numéraire (étalon de valeur) – et pas seulement comme intermédiaire des échanges et réserve de valeur – et si, à un moment donné du temps, on a 1 kg de blé = 1 F, il en résultera : 1,5 l de vin = 1 F. La transaction imaginée ci-dessus s'effectuera donc de la manière suivante : Pierre vend 15 kg de blé, « valant » 15 F (en termes de prix de marché exprimés en numéraire franc), contre une somme de monnaie égale à 15 F (c'est-à-dire qu'il y a équivalence dans l'échange entre les valeurs de marché, exprimées ici en numéraire monétaire). Puis il revendra ces 15 F contre 10 l de vin, « valant » 15 F (en termes de prix de marché exprimés en numéraire franc). Il aura donc bien échangé finalement 15 kg de blé contre 10 l de vin.

1. Sur la fonction de la monnaie on peut se reporter à nos deux ouvrages, *La vérité sur la monnaie,* Paris, Odile Jacob, 1990, et *Macroéconomie,* Paris, PUF, 1990.

2. Rappelons qu'à l'origine la monnaie était libellée en termes de quantités d'argent, de cuivre, d'or, de sel, etc.

On peut enregistrer ces opérations au moyen d'écritures comptables dans le compte de transactions ci-dessous :

Compte de transactions de Pierre

Achats (–)		*Ventes (+)*	
Monnaie	15 F	Blé	15 F
Vin	15 F	Monnaie	15 F

On peut noter au passage que l'on a coutume d'affecter le signe moins à la partie achats d'une transaction et le signe plus à la partie vente. Il doit être clair qu'il s'agit là d'une simple convention d'écriture et que la convention contraire aurait tout aussi bien pu être décidée. L'inconvénient de cette convention tient à ce qu'elle induit l'idée fausse que les achats représentent quelque chose de « négatif ». Lorsqu'on appelle les achats des « importations », parce que le fournisseur est étranger, on en déduit à tort qu'il est « mauvais » d'importer. Pourtant nous venons de voir que les achats sont inséparables des ventes et qu'un individu achète *pour* obtenir un supplément de satisfaction. En ce sens, ce qui lui apporte des satisfactions, ce qui est désiré, c'est la partie « achat » (importation) de sa transaction ; ce qui représente un sacrifice pour lui, c'est la partie « vente » (exportation) puisqu'il doit renoncer à utiliser lui-même ce qu'il vend à autrui.

En établissant le solde relatif à chaque rubrique (transactions sur le blé, le vin et la monnaie), on obtient le compte suivant :

Compte de transactions de Pierre

Achats		*Ventes*	
Vin	15 F	Blé	15 F

ce qui traduit le fait qu'en définitive Pierre a échangé pour 15 F de vin contre 15 F de blé. Si l'on repasse du numéraire monétaire au numéraire blé, et puisque 1 F = 1 kg de blé, on a bien échangé 10 l de vin (valant 15 kg de blé) contre 15 kg de blé. Même si, provisoirement, Pierre a échangé du blé contre de la monnaie, ce qu'il désirait faire de manière ultime c'était l'échange de blé contre du vin.

La nature du problème ne change pas si l'on considère un plus grand nombre de biens. Elle ne change pas non plus si l'on considère un plus grand nombre de personnes. Nous pouvons, par exemple, imaginer que les individus Pierre, Jacques et Jean constituent ce que l'on appelle un « pays », parce qu'ils se trouvent être sur un même territoire, défini de manière plus ou moins arbitraire. Ils échangent entre eux et ils échangent avec des « étrangers ». Si l'on établit le compte de transactions de l'ensemble qu'ils constituent, c'est-à-dire le compte des transactions qu'ils effectuent avec des étrangers, on retrouve évidemment la caractéristique que nous avons rencontrée ci-dessus, à savoir que les achats sont égaux aux ventes (les uns et les autres étant exprimés en termes d'un même numéraire, monétaire ou non monétaire). Ce compte de transactions « consolidé » se présente par exemple de la manière suivante :

Compte de transactions consolidé de Pierre, Jacques et Jean (pays A)

Achats		*Ventes*	
Monnaie	15 F	Blé	15 F
Blé	5 F	Monnaie	5 F
Vin	15 F	Monnaie	15 F
Monnaie	5 F	Vin	5 F

Cet exemple implique que tous les individus composant le pays A ne sont pas spécialisés dans la production de blé, puisqu'il y a aussi des ventes de vin à l'étranger. Mais, « en moyenne », il existe une spécialisation relative du « pays » A dans la production de blé. Si l'on retient seulement les soldes par rubrique, on obtient le compte suivant :

Compte de transactions consolidé de Pierre, Jacques et Jean (pays A)

Achats		*Ventes*	
Vin	10 F	Blé	10 F

Assez curieusement, on éprouve le besoin de donner un nom particulier à ce compte de transactions lorsqu'il retrace les transactions entre un groupe d'individus situés sur le territoire d'un même pays et les individus situés dans le reste du monde : on parle alors de *balance des paiements*. Bien entendu, la balance des paiements que nous venons de considérer est très simplifiée. En particulier, nous n'avons pas introduit les échanges de titres et créances. Par ailleurs, nous avons supposé que les échangistes considéraient la monnaie uniquement comme un intermédiaire dans les échanges, c'est-à-dire qu'il se débarrassent rapidement des encaisses qu'ils obtiennent par leurs ventes, de manière à effectuer des achats de produits. Or, on peut désirer conserver des encaisses monétaires. Pour le moment, nous allons cependant rester dans le cadre de nos hypothèses simplifiées (absence de transactions sur titres et créances, monnaie jouant seulement le rôle d'intermédiaire dans les échanges), de manière à nous focaliser sur l'analyse de la protection, celle-ci concernant essentiellement les transactions sur marchandises. Mais si l'on supprime ces hypothèses simplificatrices – ce que nous ferons dans le chapitre IV – l'analyse de la protection n'en est pas modifiée.

Chapitre II

EFFETS DE LA PROTECTION

Le protectionnisme – nous l'avons déjà dit – est l'ensemble des mesures de contrainte publique consistant à interdire ou à limiter les achats de biens à l'étranger par les résidents d'un pays ou à en augmenter le prix. Les producteurs du pays concerné sont ainsi *protégés* par rapport à la concurrence des producteurs étrangers.

Parmi les principales mesures protectionnistes, on peut citer :

- le droit de douane ou tarif douanier : c'est un impôt spécifique sur les biens importés ou sur certains d'entre eux. On dit que le tarif est *ad valorem* s'il est calculé en pourcentage de la valeur du bien importé. On dit qu'il est *spécifique* s'il s'agit d'un tarif fixe par unité de bien ou quantité (par exemple, kilo, mètre, etc.) ;
- le contingent ou quota : c'est une mesure d'ordre quantitatif consistant à limiter à l'avance la quantité d'un bien dont l'importation est autorisée pendant une période donnée. Toute importation hors contingent est interdite ;
- les mesures administratives soumettant les importations à des autorisations préalables (délivrance de licences d'importations), interdisant certaines importations (par exemple de produits considérés comme dangereux) ou exigeant le respect de certaines nor-

mes (par exemple pour des raisons techniques, de sécurité, de santé, etc.). L'intention protectionniste – c'est-à-dire la volonté de protéger les producteurs nationaux par rapport aux producteurs étrangers – n'existe pas nécessairement lorsque des mesures de ce type sont décidées, mais leur caractère protectionniste n'en existe pas moins.

D'autres mesures peuvent avoir une incidence protectionniste. Nous les examinons en détail au chapitre III.

I. – L'analyse des droits de douane

Nous allons d'abord supposer qu'un pays, appelé par exemple la Gaule, se trouve en économie non monétaire et qu'il existe seulement deux biens échangés, le blé et le vin. En situation de libre-échange, ce pays – c'est-à-dire ses habitants (les Gaulois) – achète à chaque période 10 l de vin et vend 15 kg de blé (comme Pierre dans l'exemple du chapitre I), c'est-à-dire que les Gaulois sont spécialisés dans la production de blé et le reste du monde dans la production de vin. Cette spécialisation des tâches productives permet aux uns et aux autres de bénéficier d'un niveau de vie plus élevé, comme nous l'avons vu précédemment. Par ailleurs, on peut raisonnablement supposer que la Gaule est petite par rapport au reste du monde, ce qui implique que les prix relatifs entre produits sont essentiellement déterminés par les offres et les demandes des habitants du reste du monde : on y échange, par exemple, 1 l de vin contre 1,5 kg de blé. *Pour ce prix-là,* les Gaulois souhaitent donc vendre chaque jour 15 kg de blé et acheter 10 l de vin, ce qu'ils font effectivement, à la plus grande satisfaction de tous.

Mais imaginons tout d'un coup que le chef des Gaulois, Interventionnix, utilisant les pouvoirs spécifiques de contrainte dont il a le monopole, impose un droit de douane sur les importations – c'est-à-dire sur les achats effectués à l'étranger – à un taux de 25 %. Ne nous interrogeons pas sur ses motivations pour le moment, nous aurons l'occasion de les discuter ultérieurement.

Que va-t-il se passer ? À l'extérieur, pour remettre 1 l de vin, un vendeur quelconque souhaitera obtenir 1,5 kg de blé, puisque tel est le prix du vin en blé. Si les Gaulois importent (achètent) 10 l de vin, ils devront remettre 15 kg de blé. Mais Interventionnix prélèvera 25 % des achats au passage de la frontière, c'est-à-dire 2,5 l de vin. Contre 15 kg de blé qu'ils auront remis, les importateurs gaulois se retrouveront donc avec 7,5 l de vin et non plus 10. Le prix relatif entre le vin et le blé résultant de l'échange international (après prélèvement fiscal) est donc désormais de 1/2 au lieu de 1/1,5 : on échange 1 l de vin contre 2 kg de blé.

Il est évidemment inconcevable qu'il existe des prix relatifs différents à l'intérieur de la Gaule selon que l'on a recours à la production intérieure ou à l'échange international. Le nouveau prix relatif (1/2) s'imposera donc à l'intérieur. On peut alors déterminer les diverses conséquences de cet impôt spécifique prélevé sur les importations qu'on appelle un droit de douane :

1 / La première conséquence est une conséquence globale incontestable : il y a perte de bien-être pour les habitants de la Gaule dans la mesure où les avantages dus au libre-échange et liés à la spécialisation interindividuelle sont limités ou même supprimés. Ainsi, imaginons que les conditions de production en Gaule soient

telles que le « prix relatif d'isolement » entre le vin et le blé soit de 1/2 (1 l de vin contre 2 kg de blé) en l'absence d'échanges internationaux (situation d'autarcie ou d'isolement). Dans l'exemple que nous avons pris, il n'y a alors plus d'intérêt à échanger : en ayant recours à l'échange international et en payant le droit de douane à 25 %, un vendeur de blé n'obtient pas plus de vin que s'il s'adresse à un producteur national. Avec un droit de douane plus faible, des échanges subsisteraient, mais le gain dû à l'échange serait cependant plus faible qu'en cas de libre-échange. *Le protectionnisme implique nécessairement une moins bonne utilisation des ressources productives.* Cela est une évidence : on gagne à passer de l'autarcie au libre-échange, on perd à reprendre la direction de l'autarcie.

2 / La perte globale est inégalement répartie et certains habitants du pays protectionniste tirent même un gain de la protection. Lorsque nous avions analysé les avantages du libre-échange, nous avions supposé pour simplifier que Pierre était capable de produire, avec les mêmes facteurs de production, 1 l de vin ou 2 kg de blé. Nous en avions conclu qu'il avait intérêt à abandonner toute production de vin s'il pouvait échanger 1 l de vin contre 1,5 kg de blé. Mais les situations réelles sont plus complexes. On peut tout d'abord imaginer qu'il existe dans le pays différents producteurs, plus ou moins aptes à produire du blé (c'est-à-dire dont le taux de transformation par rapport au vin soit plus ou moins élevé), et on peut même supposer que Pierre soit capable d'utiliser des terres d'une moindre qualité pour produire plus de blé si le prix (en termes de vin) en est plus rémunérateur. Ainsi, en passant de la situation d'autarcie à la situation de libre-échange – qui permet de se procurer le vin à moindre prix –, les producteurs de vin les moins

efficaces abandonneront progressivement la production de vin pour se consacrer à la production de blé et seuls les producteurs de vin efficaces continueront à produire. Inversement, lorsqu'on passe de la situation de libre-échange à la situation de protection, les producteurs les moins efficaces se trouvent à nouveau en état de produire du vin. Quant aux producteurs de vin efficaces, ils bénéficient d'un gain supplémentaire, puisqu'ils peuvent désormais vendre leur vin à un prix plus élevé (en termes de blé).

La protection implique donc un gaspillage global de ressources, puisque celles-ci ne sont pas utilisées de la manière la plus efficace, mais certains producteurs – les producteurs de vin dans notre exemple – en bénéficient. Les producteurs de blé sont, pour leur part, évidemment perdants par rapport à la situation de libre-échange, puisqu'ils reçoivent moins de vin contre leur blé. Il est donc important de se rendre compte que la protection, si elle bénéficie à certains – les producteurs des biens protégés –, nuit à *tous les autres*. La perte des uns, en valeur absolue, est nécessairement supérieure au gain des autres puisqu'il existe une perte globale : les producteurs de vin ne peuvent obtenir un gain qu'en imposant aux habitants du pays une perte supérieure à ce gain.

Il est donc clair que l'avantage accordé dans un pays à une catégorie de producteurs – ceux qui produisent les produits protégés de la concurrence extérieure – est obtenu aux dépens des autres producteurs. La raison en est que la protection se traduit tout naturellement – et pourrait même se définir – par une modification des prix relatifs intérieurs résultant d'une intervention étatique (en l'occurrence, un impôt appelé droit de douane) : l'introduction d'un droit de douane sur les importations de vin apporte une protection

– une faveur – à la production nationale de vin *dans la mesure* où elle impose une charge supplémentaire – une défaveur – à la production de blé. Autrement dit, la protection positive dont bénéficient les producteurs de vin correspond de manière indissociable à la « protection négative » qui pèse sur les producteurs de blé. Favoriser les premiers, c'est défavoriser les seconds (et imposer une moindre efficacité productive à l'ensemble des habitants de la nation). Dans le cas que nous examinons – où il existe seulement deux biens –, cette conclusion est immédiate. Et on peut d'ailleurs imaginer que les producteurs de blé essaieront avec vigueur d'empêcher les producteurs de vin d'obtenir le privilège en question, car ils se rendront immédiatement compte qu'il est payé par eux.

Ces transferts forcés de ressources sont moins apparents s'il existe un très grand nombre de produits. Supposons que cela soit le cas et que l'on se trouve en situation de libre-échange initialement. Les autorités publiques font alors bénéficier les producteurs de vin d'une protection sous forme d'un droit de douane. Le gain de ces producteurs est nécessairement obtenu aux dépens de *tous* les autres producteurs : le prix du vin augmente en termes de chacun des autres biens, c'est-à-dire qu'on obtient moins de vin en contrepartie d'une unité de chacun de ces autres produits. Mais il est évident que cet effet est d'autant plus diffus, d'autant plus difficile à percevoir qu'il existe un plus grand nombre de biens. Nous verrons ultérieurement que l'existence même du protectionnisme est liée à cette caractéristique (chap. V).

On peut interpréter les remarques ci-dessus comme une simple application de la théorie traditionnelle du monopole. Celle-ci explique en effet que le monopoleur – c'est-à-dire le producteur qui se trouve seul sur un marché – peut imposer un prix plus élevé que cela ne serait le cas en situation de concurrence, de telle sorte que la perte des consommateurs est supérieure, en valeur absolue, au gain du monopoleur. Dans le cadre de cette théorie traditionnelle, la concurrence est définie en particulier par le fait qu'il existe un grand nombre de producteurs sur un marché donné. Cette définition est contestable parce qu'en réalité, lorsque la concurrence existe, chaque producteur cherche à se différencier des autres en produisant des biens meilleurs et moins chers, c'est-à-dire en obtenant, par ses propres efforts productifs, une position (momentanément) « monopolistique » et toujours menacée car elle n'est pas protégée par la force[1]. C'est pourquoi la concurrence doit plutôt se définir comme la situation où tout producteur est libre d'entrer sur un marché quelconque. Par contre, l'État dispose du monopole de la contrainte légale et il peut donc limiter l'accès à un marché. C'est bien ce qu'il fait lorsqu'il impose des droits de douane sur l'importation d'un produit : il y a alors création d'une situation monopolistique – c'est-à-dire protégée de la concurrence extérieure – au profit des producteurs nationaux. On retrouve alors le résultat de la théorie traditionnelle : le gain du monopoleur se fait aux dépens des consommateurs et la valeur de ce gain est inférieure, en valeur absolue, à la valeur de leur perte. Le transfert forcé des consommateurs aux producteurs que représente la protection est donc particulièrement inefficace puisqu'il se traduit par une destruction de valeur.

3 / Il existe un autre bénéficiaire de la protection, l'État. Cela est évident puisque le droit de douane est

1. Sur ce point, voir notre ouvrage, *La concurrence,* Paris, PUF, « Que sais-je ? », 1995.

un impôt. Dans l'exemple ci-dessus, pour chaque unité de vin importée l'État prélève un impôt égal à 25 % de la valeur importée. Bien entendu, la valeur de l'impôt peut être exprimée en utilisant le vin ou le blé comme numéraire. Par ailleurs, l'impôt peut être effectivement payé en vin ou en blé : si les habitants de la Gaule achètent 10 l de vin contre 15 kg de blé, il revient au même pour eux de remettre à l'État 2,5 l de vin ou 5 kg de blé. S'ils paient 2,5 l de vin, cela signifie qu'ils obtiennent 7,5 l de vin contre 15 kg de blé (de telle sorte que le prix relatif intérieur entre le vin et le blé est égal à 1/2). S'ils remettent 5 kg de blé à l'État, cela signifie que, pour obtenir 10 l de vin, ils doivent remettre 20 kg de blé (15 à leurs partenaires étrangers et 5 à l'État) : le prix relatif intérieur est bien égal à 1/2.

En d'autres termes, un droit de douane sur les importations à un taux de 25 % peut être interprété de deux manières qui sont parfaitement équivalentes : on peut dire que les échangistes nationaux doivent payer à l'État 25 % de ce qu'ils reçoivent de leurs partenaires étrangers en contrepartie de ce qu'ils leur vendent (ils vendent 15 kg de blé, obtiennent 10 l de vin sur lesquels ils paient 2,5 à l'État) ; ou l'on peut dire que, pour obtenir 10 l de vin, il leur faut remettre 20 kg de blé, dont 25 % reviennent à l'État. Le prix interne étant égal à 1/2, l'État peut toujours transformer en blé, à ce prix, le vin qu'il a obtenu en paiement de l'impôt, ou, inversement, transformer le blé en vin. Il en va de même pour les échangistes : s'ils ont payé le droit de douane en vin, ils ont peut-être obtenu ce vin en vendant du blé (le prix intérieur étant de 1/2, il leur a fallu payer 5 kg de blé pour payer un impôt se montant à 2,5 l de vin).

4 / Nous arrivons donc à une conclusion importante : *il revient au même d'imposer un droit de douane*

sur les importations ou sur les exportations[1]. La raison en est simple : on ne peut pas séparer dans une transaction la partie achat et la partie vente, de telle sorte que, en réalité, lorsqu'on taxe un achat on taxe l'ensemble de la transaction et, par conséquent, la vente correspondant à cet achat. Ainsi, en croyant taxer les importations, on taxe aussi les exportations ; en croyant décourager les importations, on décourage aussi les exportations. Contrairement à ce que l'on pense en général, la protection – sous forme, par exemple, d'un droit de douane – ne favorise pas les exportations par rapport aux importations, elle favorise les activités intérieures par rapport aux activités d'échange international, qu'il s'agisse d'importations ou d'exportations. Ce sera une raison pour nous d'expliquer ultérieurement (chap. IV) qu'il est absurde d'imposer une politique protectionniste pour des motifs prétendus de balance des paiements.

5 / Le protectionnisme ayant pour objectif de rapprocher les prix relatifs dans l'échange international des prix relatifs intérieurs d'isolement, il rend l'échange international moins désirable. Il y a donc diminution de la spécialisation et des échanges : le protectionnisme ne réduit pas seulement les importations, il réduit *simultanément* les exportations. À la limite, on revient à une situation d'autarcie (absence d'échanges internationaux). On peut noter au passage que le protectionnisme est d'autant plus nuisible que la dimension économique d'un pays est plus faible. En effet, plus un pays est grand, plus ses prix relatifs affectent les prix internationaux : l'ouverture des

1. Pour être tout à fait précis, il faudrait dire qu'il est équivalent d'imposer un droit de douane de 25 % sur la valeur des importations avant paiement du droit ou de 25 % sur les exportations, droits de douane inclus.

échanges modifie donc relativement moins ses prix relatifs que cela n'est le cas pour un petit pays. Par contre, si un petit pays devait satisfaire lui-même tous les besoins de ses habitants, il le ferait nécessairement d'une manière peu efficace. C'est pourquoi les politiques protectionnistes adoptées par la plupart des pays sous-développés – qui sont de petits pays du point de vue économique – sont particulièrement nuisibles. À l'opposé, dans de petits pays comme les « quatre dragons » de l'Asie du Sud-Est (Taiwan, Corée du Sud, Singapour et Hong-Kong), on a compris les avantages que pouvait apporter l'ouverture sur l'extérieur[1].

6 / Nous avons rappelé ci-dessus qu'un droit de douane était un impôt. On peut ajouter maintenant qu'il constitue une manière coûteuse de prélever l'impôt. Bien sûr, il existe un coût administratif constitué non seulement par le coût budgétaire des services douaniers, mais aussi par les obligations – dont le coût n'est pas enregistré statistiquement – que doivent supporter les importateurs (déclarations, formalités, contrôles, retards dans les délais de livraison, etc.). Mais au-delà de ce coût – qui existe à des titres divers pour le prélèvement de tout impôt – il existe un coût spécifique – et difficile à mesurer – correspondant à la perte de bien-être des consommateurs due à la distorsion de prix imposée par la politique protectionniste.

Nous avons supposé implicitement ci-dessus que les pertes dues à ce prélèvement fiscal étaient supportées intégralement par les nationaux. Il se peut, en fait, que le poids en soit partagé entre les nationaux et les

1. Contrairement à ce que l'on pense, la croissance forte de ces pays n'est pas « tirée par les exportations ». Elle a essentiellement des sources intérieures, mais les ressources ne sont pas gaspillées par le protectionnisme, ce qui permet un développement rapide des échanges internationaux, importations aussi bien qu'exportations.

étrangers. Cela résulte tout simplement du fait que le protectionnisme dans un pays diminue les échanges internationaux et, par conséquent, le gain obtenu de l'échange international par tous les échangistes. Il ramène tous les pays vers la situation d'autarcie. Les habitants d'un pays supportent d'autant plus les effets du protectionnisme d'un autre pays que celui-ci est plus grand et donc plus apte à modifier les prix relatifs internationaux. Nous verrons ultérieurement une application particulière de cette idée, connue sous le nom de « tarif optimum » (chap. IV).

Nous avons jusqu'à présent mesuré les prix relatifs en termes d'un numéraire réel, c'est-à-dire, par exemple, en termes de kilos de blé. Mais si la monnaie existe, on peut l'utiliser comme numéraire, c'est-à-dire mesurer les prix des produits en termes d'unités monétaires. Soit une monnaie appelée le franc (F) et supposons qu'à un moment donné on ait le prix monétaire suivant : 1 kg de blé = 1 F. Connaissant le prix relatif entre le blé et le franc, on peut passer d'un numéraire à un autre : d'un prix réel du vin en kilos de blé (par exemple, 1 l de vin = 1,5 kg de blé) à un prix monétaire en francs (soit 1 l de vin = 1,5 F) ou inversement. Les prix relatifs entre le blé et le vin n'en sont évidemment pas modifiés. Autrement dit, l'introduction d'un numéraire monétaire ne modifie en rien les raisonnements ci-dessus. Si l'on suppose qu'il existe une seule monnaie dans le monde, par exemple le franc, un pays importe le(s) produit(s) dont le prix d'isolement, exprimé en francs, est plus élevé que le prix étranger et il exporte le(s) produit(s) dont le prix d'isolement, exprimé en francs, est plus faible que le prix étranger.

Nous verrons ultérieurement (chap. IV) ce que l'on peut dire si l'on considère la monnaie non pas seulement comme un numéraire éventuel, mais surtout comme un bien spécifique, rendant des services spécifiques. La théorie de la protection que nous venons de présenter n'en sera pas modifiée pour autant.

II. – L'analyse des quotas

Rappelons-le, un droit de douane consiste à modifier les prix des biens échangés, un quota consiste à modifier les quantités échangées, par exemple en limitant autoritairement la quantité importée d'un bien particulier. L'imposition d'un droit de douane – qui augmente le prix intérieur d'un bien – se traduit par une diminution des quantités échangées (aussi bien en ce qui concerne le produit imposé que ceux qui sont vendus en contrepartie). Symétriquement, l'imposition d'un quota d'importation se traduit par une diminution des échanges – donc des exportations aussi bien que des importations – et par une augmentation du prix du bien ainsi protégé.

Diminution des échanges. – Reprenons l'exemple précédent dans lequel seuls le blé et le vin étaient échangés internationalement et supposons qu'en l'absence de protection (droit de douane ou quota) les Gaulois importent 10 l de vin et exportent en contrepartie 15 kg de blé (soit un prix relatif de 1 contre 1,5). À un moment donné, l'État impose un quota sous la forme d'une interdiction d'importer plus de 5 l de vin. Étant donné que, sur le marché international, on échange 1 l de vin contre 1,5 kg de blé, les exportateurs devront réduire leurs exportations : elles passent de 15 kg de blé à 7,5 kg de blé.

Nous retrouvons donc une leçon très proche de la précédente : il revient au même de limiter une importation ou de limiter l'exportation correspondante.

C'est une conséquence logique du caractère indissociable de l'achat et de la vente. Plus le quota d'importation est faible, plus les échanges internationaux sont réduits et plus on se rapproche de la situation d'autarcie.

Variation des prix relatifs. – Si l'État limite les achats de vin – ce qui revient au même que de limiter les ventes de blé –, cela signifie que, par rapport à la situation d'échange libre, il y a moins de vin disponible dans le pays et plus de blé (une partie du blé qui était exportée pour acheter du vin ne peut plus être exportée et elle doit donc être vendue sur le marché intérieur). Le vin devient donc relativement plus rare (par rapport au blé) et le blé relativement plus abondant (par rapport au vin). Il en résulte que le prix du bien plus rare augmente par simple application de la théorie générale des prix : le prix relatif du vin en termes de blé augmente (c'est-à-dire que le prix relatif du blé en termes de vin diminue). On se rapproche des prix relatifs d'isolement.

L'imposition d'un quota provoque donc une variation du prix relatif très semblable à celle qu'un droit de douane introduit directement : dans le cas du droit de douane, on manipule les prix relatifs – en dissociant les prix intérieurs des prix extérieurs – et il en résulte des variations des quantités échangées. Dans le cas des quotas – également appelés restrictions quantitatives aux échanges –, on manipule les quantités échangées et il en résulte une variation des prix relatifs.

L'idée selon laquelle il est équivalent de limiter les importations ou les exportations paraît simple lorsqu'il existe seulement deux biens échangés. Mais qu'en est-il s'il existe un grand nombre de biens échangés ?

Si on limite les quantités importées d'un bien quelconque, on limite nécessairement et simultanément les quantités exportées de certains biens. Mais il est généralement *impossible* de savoir précisément quelles exportations auraient lieu si des quotas existants étaient supprimés.

On peut d'ailleurs analyser les effets de répartition des quotas d'une manière très semblable à celle qui a été suivie précédemment pour les droits de douane. Un quota d'importation profite évidemment d'abord aux producteurs nationaux de produits concurrents puisqu'ils bénéficient d'un « marché captif ».

Le quota fait par ailleurs subir un coût aux acheteurs potentiels puisque les biens qu'ils désirent sont moins abondants et plus chers. Comme pour les droits de douane, les quotas représentent un transfert aux dépens des acheteurs et au profit des vendeurs (de biens concurrents). Il y a exploitation d'une position de monopole, rendue possible par la contrainte imposée par les hommes de l'État. Elle se traduit par le fait qu'il y a une raréfaction « artificielle », imposée, des biens en question. Nous savons que, dans ces cas, la perte des uns – en valeur absolue – est supérieure au gain des autres.

Mais ces effets ne sont pas les seuls. La raréfaction du produit crée une « rente de rareté » qui peut éventuellement être partagée entre plusieurs partenaires. Nous venons de voir que les producteurs de produits concurrents en prenaient leur part (sous forme de débouchés intérieurs plus abondants et de prix plus élevés pour leurs produits). Mais d'autres peuvent aussi profiter de cette situation, en particulier les importateurs du produit en question et même, assez paradoxalement en apparence, les producteurs étrangers du bien auquel on impose une limitation quantitative à l'entrée[1]. Supposons en effet que la demande du produit contingenté soit très peu élastique : on le désire tellement – par rapport aux autres biens – que la demande diminue « peu » lorsque le prix augmente « beaucoup ». La raréfaction artificielle du marché permet alors d'écouler la quantité contingentée à un prix considérablement plus élevé que le prix qui résulterait d'une situation d'échange libre.

Utilisons encore une fois l'exemple précédent : en situation de liberté, les résidents de la Gaule souhaitent acheter 10 l de vin contre 15 kg de blé (à un prix relatif de 1/1,5) et imaginons qu'à ce prix les exportateurs étrangers de vin réalisent un profit de 10 %. Autrement dit, pour chaque litre de vin vendu, ils reçoivent 0,1 l de vin (ou 0,15 kg de blé) à titre de profit : la valeur totale de leur profit est donc égale à 1 l de vin ou 1,5 kg de blé, pour 10 l de vin vendus.

Supposons maintenant que les hommes de l'État, en Gaule, interdisent des importations de vin supérieures à 5 l de vin. Supposons aussi que le vin soit tellement désiré en Gaule que son prix intérieur passe à 1 l de vin = 3 kg de blé. Pour les producteurs étrangers, par hypothèse, les coûts relatifs à la production sont tels que l'on échange 1 l de vin contre 1,5 kg de blé (ce qui leur laisse un profit de 10 %). Par conséquent, ceux qui vendent du vin en Gaule obtiennent désormais un profit supplémentaire de 1,5 kg de blé par litre de vin vendu. Certes, ils vendent moins et ils

1. À titre d'exemple, on peut se reporter à l'article de Jean-Jacques Rosa, Vertus douteuses des quotas volontaires, *Le Figaro*, 25-26 février 1990. Ainsi, les « limitations volontaires » d'exportations d'automobiles par les producteurs japonais vers les États-Unis – en fait, des accords négociés entre les gouvernements américain et japonais – avaient augmenté les profits des firmes japonaises : les 20 % de sa production exportés par Honda aux États-Unis lui rapportaient 75 % de ses profits.

perdent, par conséquent, les 10 % de profit qu'ils faisaient sur chaque litre de vin qui n'est plus vendu. Mais cette diminution est pour eux plus que compensée par l'augmentation du prix. En effet, chacun des 5 l qui restent vendus leur rapporte un profit supplémentaire égal à 1,5 kg de blé, soit 7,5 kg de blé au total.

La théorie du monopole montre classiquement que le monopoleur a intérêt à raréfier les quantités vendues de manière à augmenter les prix, à condition que l'augmentation unitaire des prix lui rapporte, en termes de profit total, plus que ce qu'il perd en termes de quantités (le profit étant le produit des quantités vendues par le profit unitaire). Mais le producteur qui rêverait de pouvoir réaliser cette situation n'y arrive généralement pas lorsque l'échange est libre.

L'intervention étatique donne alors une occasion exceptionnelle au vendeur étranger (et/ou à son intermédiaire, l'importateur) de limiter l'accès au marché, de raréfier les quantités vendues et d'imposer des prix supérieurs aux prix du marché mondial. Sa capacité à tirer un profit de cette situation monopolistique – résultant elle-même de l'exercice étatique du monopole de la contrainte organisée – dépend de la réaction de la demande aux variations de prix et, par conséquent, de l'existence de substituts plus ou moins proches dans le pays protégé. Si, par exemple, les Français considèrent que les automobiles françaises constituent des biens très différents des automobiles japonaises, le contingentement des importations d'automobiles japonaises les incitera à payer très cher pour obtenir une voiture japonaise. Dans ce cas, ce ne sont pas seulement les producteurs nationaux qui profiteront de la protection (sous forme de débouchés plus étendus et de prix plus élevés), mais aussi et même surtout les producteurs étrangers. Si, par contre, le degré de substituabilité est grand, *dans l'esprit des utilisateurs potentiels,* entre les produits nationaux et les produits étrangers contingentés, ce sont les producteurs nationaux qui profiteront le plus de la protection. Mais ce sont toujours les consommateurs qui en supporteront le coût.

Il existe par ailleurs une différence entre le droit de douane et le contingent. Le droit de douane, en effet, est un impôt et il rapporte donc des ressources à l'État. Ce n'est évidemment pas le cas du contingent. Mais les choses ne sont en fait pas si simples. En effet, le contingentement crée une situation de rareté artificielle où l'on limite les droits d'accès à un marché déterminé. Le problème se pose alors de savoir comment on va attribuer les droits restants entre différents producteurs étrangers concurrents et entre différents importateurs : va-t-on autoriser l'achat d'un produit de telle ou telle marque étrangère, favoriser tel ou tel importateur ? La répartition des droits à accéder à un marché peut évidemment être faite de manière arbitraire. Mais d'autres procédures peuvent être imaginées. Ainsi, l'État peut vendre ces droits aux enchères, auquel cas il récupère une partie, plus ou moins importante, du gain monopolistique précédemment étudié, le profit des producteurs étrangers et des importateurs en étant réduit d'autant.

Mais il existe aussi d'autres formes de « redistribution » du gain de monopole. Le droit d'accéder à un marché ayant nécessairement une valeur marchande dans cet univers de raréfaction artificielle, un marché des droits s'instaurera probablement. Il est légal dans l'hypothèse que nous venons d'envisager, c'est-à-dire celle où l'État procède à des ventes aux enchères. Mais il peut fort bien – et il est souvent – illégal et caché :

celui qui a la possibilité de décider de la répartition des droits d'accès – fonctionnaire ou homme politique – peut les monnayer, c'est-à-dire demander un « pot-de-vin ». Dans ce cas, le gain de monopole n'est pas récupéré partiellement par le budget public, il tombe dans la poche de personnes privées ayant des pouvoirs dans la sphère publique. On peut alors même imaginer que, dans certains pays, la possibilité d'obtenir ainsi des gains importants sans effort productif particulier incite les bénéficiaires potentiels à créer et à maintenir des systèmes de contingentement. Les arguments protectionnistes (que nous étudions au chapitre IV) ne sont alors rien d'autre que des alibis pour des pratiques de confiscation personnelle des ressources des autres.

III. – **Le tarif effectif**

Pour le moment nous avons implicitement raisonné comme si l'échange international concernait uniquement des produits finis. Or, il peut concerner tout aussi bien les produits intermédiaires. Supposons maintenant, par exemple, que les Gaulois importent du blé et vendent des tomates, le prix relatif entre ces deux biens étant égal à 1/1 (on échange 1 kg de blé contre 1 kg de tomates). En l'absence de protection, ce prix est à la fois le prix mondial – donc le prix auquel se font les échanges internationaux de la Gaule – et le prix intérieur de la Gaule. Des producteurs achètent alors du blé à ce prix, le transforment en farine, puis en biscuits. Supposons enfin qu'avec 1 kg de blé – donc une quantité moindre de farine – on produise une certaine quantité de biscuits (par exemple, 1 kg) et que le prix de 1 kg de biscuits soit égal à 2 kg de tomates.

Comment s'établit ce prix des biscuits ? À première vue, il correspond au coût de production, c'est-à-dire au prix de la matière première qu'est le blé, mais aussi à ce que l'on peut appeler l'ensemble des « valeurs ajoutées » résultant de l'activité des producteurs de biscuits : il s'agit en particulier du coût de la main-d'œuvre, de l'amortissement des machines, du profit des producteurs[1]. La « valeur ajoutée » est donc ici égale à 1 kg de tomates par kilo de biscuits puisqu'on échange 1 kg de biscuits contre 2 kg de tomates et qu'on doit acheter 1 kg de blé – valant 1 kg de tomates – pour produire ce kilo de biscuits.

En réalité, il serait erroné de penser que le prix de vente des biscuits est la simple résultante d'une somme de coûts de production (prix du blé, de la main-d'œuvre, etc.). Le prix est en fait déterminé par le marché, c'est-à-dire par la confrontation des offres et des demandes. En l'absence de protection, le marché est mondial, c'est-à-dire qu'il existe un prix mondial du kilo de biscuits (en supposant que l'on puisse définir les biscuits comme un bien homogène). Les producteurs gaulois éventuels de biscuits « regardent » alors le marché des biscuits, comprennent que, pour pouvoir vendre et faire un profit, il faut que les coûts de production soient inférieurs, ou au plus égaux, à ce prix de vente mondial (1 kg de biscuits contre 2 kg de tomates). Ils ne se lanceront dans la production de biscuits que s'ils sont en mesure de concurrencer les producteurs étrangers. Pour cela, ils choisiront éventuellement des techniques de production particulières tenant compte, par exemple, des spécificités

1. Il existe aussi, évidemment, d'autres ingrédients que le blé, par exemple l'eau, le beurre, etc. Mais pour simplifier le raisonnement nous nous intéressons ici à une seule matière première, le blé.

locales : ainsi, si la main-d'œuvre est abondante et peu chère, ils choisiront des techniques demandant relativement beaucoup de travail et peu de capital, par rapport à ce qui se pratique sans doute dans des pays relativement riches en capital et pauvres en main-d'œuvre.

Par conséquent, même si tous les producteurs de biscuits du monde n'utilisent pas exactement les mêmes techniques de production, ils agissent tous de manière à être « compétitifs », c'est-à-dire de manière à ce que leurs coûts de production soient compatibles avec les prix qui prévalent sur les marchés mondiaux, aussi bien pour leurs matières premières (le blé) que pour leurs produits finals (les biscuits). En ignorant, pour des raisons de simplification, les différences éventuelles de coûts de transport, on pourra alors dire qu'il importe peu pour un producteur gaulois d'acheter du blé gaulois ou étranger, dans la mesure où il y a unicité de prix sur le marché. De la même manière, il importera peu aux consommateurs – en Gaule ou à l'extérieur – d'acheter des biscuits gaulois ou étrangers dans la mesure où leurs prix seront comparables.

Imaginons maintenant qu'à un moment donné les autorités imposent un droit de douane égal à 50 % sur les importations de blé, c'est-à-dire qu'il faut remettre désormais 1,5 kg de tomates pour obtenir 1 kg de blé. Cette protection avantage les producteurs gaulois de blé puisqu'ils peuvent désormais obtenir 1,5 kg de tomates contre 1 kg de blé, du fait de l'hypothèse d'unicité de prix sur le marché (et c'est peut-être pour cette raison que la protection a été introduite). Mais que se passe-t-il du point de vue des producteurs de biscuits ?

Apparemment, rien ne change pour eux, puisqu'on n'a pas introduit de droits de douane sur les biscuits.

Mais c'est dire que c'est toujours le prix international qui prévaut pour eux, soit celui de 1 kg de biscuits contre 2 kg de tomates. Or, désormais, la matière première (le blé) qui leur est nécessaire pour produire 1 kg de biscuits leur est vendue au prix de 1,5 kg de tomates au lieu de 1 kg, que le vendeur soit Gaulois ou étranger. Pour pouvoir soutenir la concurrence étrangère – au prix de 1/2 –, il leur faudrait donc diminuer la valeur ajoutée, de manière à ce qu'elle ne représente plus que 0,5 kg de tomates par kilo de biscuits produit : cela impliquerait, par exemple, de diminuer de moitié toutes les rémunérations (salaires, profits, intérêts).

On peut tirer de cet exemple les conclusions suivantes :

- l'avantage obtenu par les producteurs dans une activité protégée est nécessairement obtenu aux dépens d'autrui, à savoir les consommateurs, mais aussi les autres producteurs, non seulement ceux qui perdent leur avantage comparatif à l'exportation, mais aussi ceux qui utilisent les biens intermédiaires effectivement protégés dans leurs processus de production ;
- cet exemple nous montre qu'on obtient une idée fausse des effets protectionnistes si l'on se contente de regarder les taux apparents, c'est-à-dire les taux officiels. En l'absence d'informations supplémentaires sur les processus de production, il apparaît, dans l'exemple ci-dessus, qu'un secteur est protégé, le secteur de production du blé, mais que le secteur de production de biscuits n'est ni protégé ni pénalisé. Il supporte pourtant un coût du fait de la protection de ses fournisseurs, de telle sorte qu'on peut même parler d'une « protection négative » (les produc-

teurs de biscuits sont défavorisés du fait de la protection d'autrui et leurs gains sont inférieurs à ceux qu'ils peuvent avoir lorsque le blé est librement échangé). Autrement dit, pour évaluer la protection (positive ou négative) d'une activité productive, il ne suffit pas de considérer le taux de protection officiel de l'activité en question, mais le taux de protection des activités dont il est client. En d'autres termes encore, le degré de protection d'une activité dépend de la mesure dans laquelle sa valeur ajoutée est protégée par rapport à ses achats de biens intermédiaires.

Reprenons d'ailleurs l'exemple ci-dessus et supposons maintenant que la production de blé n'est pas protégée, mais que la production de biscuits le soit à un taux apparent de 50 %, c'est-à-dire que le prix relatif des biscuits après paiement des droits de douane est égal à 1 kg de biscuits contre 3 kg de tomates (au lieu de 2). En réalité, les producteurs de biscuits bénéficient d'un taux de protection qui est égal à 100 % et non à 50 % : le taux de protection apparent est égal à 50 % et le taux effectif à 100 %. En effet, ils achètent 1 kg de blé contre 1 kg de tomates et le kilo de biscuits qu'ils obtiennent est vendu à un prix tel qu'il permet de rémunérer les facteurs de production – la valeur ajoutée – pour un montant égal à 2 kg de tomates (au lieu d'un) : il y a bien doublement de la valeur ajoutée, c'est-à-dire protection à 100 %.

L'exemple que nous avons pris ci-dessus était particulièrement simple, puisque nous avions supposé que les producteurs de biscuits achetaient seulement un bien intermédiaire, le blé. Il était donc facile de se rendre compte que leur protection était négative, lorsqu'ils bénéficiaient d'un taux de protection nul (pas de droits de douane sur les biscuits), mais que leurs fournisseurs bénéficiaient d'un taux de protection égal à 50 %. Les situations réelles sont évidemment beaucoup plus complexes, car il faudrait idéalement remonter indéfiniment la chaîne des processus productifs pour essayer de connaître la protection effective (positive ou négative) d'un produit[1]. Un certain nombre de travaux ont cependant été faits à partir des tableaux d'*input-ouput*[2] pour essayer d'évaluer le tarif effectif d'un certain nombre d'activités. Les résultats sont surprenants. On constate en effet que la dispersion des taux de protection effectifs est beaucoup plus grande que la dispersion des taux de protection apparents.

Ce résultat est d'ailleurs normal parce qu'un tarif douanier ne fait jamais apparaître de droits de douane négatifs, alors que des taux de protection effectifs négatifs existent nécessairement, à partir du moment où l'on taxe des biens qui entrent dans des processus de production (et tout bien peut potentiellement servir non pas seulement de bien final, mais également de bien intermédiaire). La structure tarifaire effective fait donc apparaître des taux de protection négatifs qui sont évidemment inexistants dans la structure tarifaire officielle. De l'autre côté, les calculs des taux de protection effectifs font apparaître des taux positifs de

1. Le producteur de biscuits utilise des crayons, dont la protection effective dépend de celle du bois qui elle-même dépend de celle du transport du bois, donc des camions et de l'essence, etc.

2. C'est-à-dire de tableaux indiquant le contenu en biens intermédiaires de chaque type de production. Ces tableaux ne donnent évidemment qu'une information de qualité imparfaite : il est impossible de connaître tous les processus productifs, les tableaux traduisent une agrégation des activités en un certain nombre de secteurs ou de branches arbitrairement délimités, on ne sait pas ce que seraient les processus productifs en l'absence de protection, etc.

protection qui sont parfois considérablement supérieurs à ce que laisserait présager la seule considération des taux officiels. C'est ainsi que l'on a pu trouver des taux effectifs égaux à 500 ou 600 %. Un producteur qui est protégé de cette manière peut donc se maintenir sur le marché national, alors même que ses coûts de production sont en fait cinq à six fois supérieurs à ceux de ses concurrents étrangers. En permettant à des producteurs aussi peu productifs de se maintenir et en supprimant donc les incitations à utiliser les facteurs de production correspondants dans des activités plus productives, mais moins protégées, on aboutit à une situation où les ressources – en hommes, en capital, en matières premières – sont mal utilisées et gaspillées.

Dans notre exemple simplifié ci-dessus, il était assez facile de voir que le producteur de biscuits souffrait d'une protection négative. Mais dans les situations réelles où les structures de production et les structures tarifaires sont toutes deux complexes, un producteur n'a pas facilement conscience des taux de protection dont il bénéficie ou dont il souffre : les calculs dont nous avons fait état sont imparfaits et en tout cas coûteux. Ils ne peuvent donc pas être effectués « en continu » et ils n'atteignent en général pas un degré de spécificité suffisant pour qu'un producteur particulier puisse connaître le taux de protection qui le concerne personnellement (le degré d'agrégation des calculs est trop élevé). Aussi, lorsque les hommes de l'État accordent une protection à une activité particulière, on peut subodorer qu'il en résulte une protection négative pour d'autres producteurs qui utilisent – parfois de manière très indirecte – les biens concernés dans leurs processus de production, mais on ne sait généralement pas quels sont ces producteurs.

Chapitre III

VRAIS ET FAUX OBSTACLES À L'ÉCHANGE

Dans le chapitre précédent, nous avons étudié les mesures protectionnistes les plus courantes – droits de douane et contingents – qui ont précisément pour but de *protéger* une activité nationale de la concurrence extérieure. L'effet protectionniste se mesure par l'écart qui est ainsi introduit entre, d'une part, le prix relatif de deux marchandises sur le marché international et, d'autre part, le prix relatif de ces mêmes biens sur le marché intérieur. De ce point de vue, l'intention protectionniste importe d'ailleurs peu : à partir du moment où elle provoque un écart de prix relatifs entre l'intérieur et l'extérieur, une mesure de politique économique a un effet protectionniste. Il en résulte les effets que nous avons étudiés : modifications des structures productives, transferts forcés, pertes de bien-être pour certains.

On doit donc étendre l'étude du protectionnisme à toutes les situations où une mesure de politique économique se traduit par une différence de prix relatifs entre le marché étranger et le marché intérieur, que l'effet protectionniste soit voulu ou non[1].

1. Nous avons vu précédemment que l'effet protectionniste pouvait être différent de l'effet désiré (en particulier du fait de l'existence de la protection effective). En sens inverse, une mesure peut être prise pour des raisons autres que protectionnistes, mais

I. – La politique fiscale

Les effets protectionnistes de la politique fiscale – en dehors des droits de douane, déjà étudiés – ne sont pas nécessairement ce que l'on imagine spontanément. Pour les étudier, nous allons nous placer dans un cadre simplifié, en supposant qu'il existe deux pays dans le monde, la Gaule et la Germanie.

Impôts non discriminatoires. – Imaginons tout d'abord qu'il existe un même impôt général dans les deux pays, par exemple une taxe sur la valeur ajoutée (TVA). Comme son nom l'indique, cet impôt frappe une activité économique en proportion de la valeur ajoutée, c'est-à-dire de la valeur créée à chaque étape du processus productif : il en résulte que, tout prix étant une somme de valeurs ajoutées, l'impôt qui aura été prélevé, au total, sur un bien final, au cours de ses différentes étapes de fabrication, sera proportionnel au prix de vente de ce bien. Or, supposons qu'une TVA à taux unique – qui n'existait pas précédemment – soit tout d'un coup créée dans chaque pays et que son taux soit de 20 % en Gaule et de 10 % en Germanie. On a tendance à penser en général que cette différence de taux entre les deux pays est insupportable et qu'il faut donc la « compenser » : en effet, dira-t-on, les producteurs gaulois sont « défavorisés » dans l'échange international, alors que les producteurs germains sont « favorisés » ; ou, pour utiliser la terminologie courante, les producteurs gaulois sont ainsi rendus moins « compétitifs » que leurs concurrents germains. En d'autres termes encore, les producteurs gaulois subiraient une protection négative, tandis que

avoir un effet protectionniste. Enfin, il se peut que l'effet protectionniste soit désiré, mais non invoqué, la mesure adoptée étant censée avoir un autre but que protectionniste.

les producteurs germains bénéficieraient d'une protection positive, du fait du renchérissement des coûts de leurs concurrents gaulois. Et c'est précisément parce qu'on pense que les producteurs du pays où la TVA est la plus forte souffrent d'une « perte de compétitivité » qu'on a généralement décidé – à tort, comme nous le verrons – que la TVA devait être remboursée à l'exportation et payée à l'importation. Mais supposons justement que, contrairement à cette habitude, les exportations se fassent taxe incluse.

En fait, l'idée selon laquelle la TVA créerait des écarts de compétitivité entre pays est erronée. Nous avons vu en effet que la notion de « compétitivité globale » d'un pays était dénuée de sens : un producteur particulier est « compétitif » dans l'échange international parce qu'un autre producteur est moins « compétitif », mais il n'est pas possible que *tous* les producteurs gaulois soient non compétitifs. Ce qui explique en effet les échanges internationaux, ce sont les prix relatifs et non les prix monétaires absolus. Or, le fait d'imposer un impôt à même taux sur toutes les valeurs ajoutées dans un pays ne modifie pas les prix relatifs : si, par exemple, 1 kg de blé s'échange contre 1 kg de tomates et si l'on introduit une TVA de 20 % sur chacune de ces marchandises, on échangera toujours 1 kg de blé contre 1 kg de tomates. La seule conséquence de l'introduction de cet impôt sera évidemment de diminuer la rémunération des facteurs de production, puisque l'État prélève, à chaque stade de la production, 20 % de la valeur créée[1].

1. C'est pourquoi la TVA devrait être interprétée comme un impôt sur la rémunération des facteurs de production et non comme un impôt sur la consommation, ainsi que son nom l'indique d'ailleurs (impôt sur la *valeur ajoutée*). C'est seulement parce qu'on a introduit – à tort – la pratique du remboursement de la TVA à l'exportation que la TVA *apparaît* comme un impôt sur la consommation.

De la même manière, une TVA à 10 % imposée sur tous les biens en Germanie n'en modifie pas les prix relatifs. Avant introduction de la TVA, on échangeait 1 kg de blé contre 1 kg de tomates, à la fois en Gaule et en Germanie. Ce prix relatif reste en vigueur après création de la TVA.

Si l'on est en économie monétaire, il semble que ce changement dans les systèmes fiscaux a des conséquences sur les prix monétaires. Supposons en effet qu'on ait eu auparavant les prix suivants : 1 kg de blé = 1 F (monnaie de la Gaule) et 1 kg de blé = 1 G (monnaie de la Germanie). Le taux de change entre les deux monnaies est donc normalement égal à 1/1 (on échange 1 F contre 1 G). Si la création de l'impôt augmentait les prix monétaires dans la même proportion, on aurait donc 1 kg de blé = 1,2 F et 1 kg de blé = 1,1 G. Il est évident que le taux de change antérieur, soit 1/1, ne serait plus un taux d'équilibre. Si l'on est en régime de changes flottants, le taux de change du franc doit donc se déprécier de 10 %. Si l'on est en régime de changes administrés – c'est-à-dire déterminés par les autorités monétaires –, il faudra une dévaluation de 10 % de cette même monnaie.

Mais est-il certain que les prix monétaires vont varier exactement en proportion du nouvel impôt ? Certes, si l'impôt apparaît soudainement et de manière imprévisible, les producteurs n'auront peut-être pas d'autre choix que d'augmenter leurs prix de vente de manière concomitante. Mais leurs nouveaux prix de vente ne peuvent être maintenus que dans la mesure où la quantité de monnaie augmente dans la même proportion, soit de 20 % en Gaule et de 10 % en Germanie. En effet, comme la théorie monétaire le montre clairement, les prix monétaires dépendent fondamentalement de la quantité de monnaie. Ainsi, en réalité, c'est dans la mesure où l'augmentation de la quantité de monnaie serait de 10 % supérieure en Gaule à ce qu'elle serait en Germanie, que le taux de change du franc devrait se déprécier de 10 % et non parce que des taux de TVA différents y ont été instaurés. Imaginons d'ailleurs que la quantité de monnaie reste constante dans chaque pays. Cela signifie que les prix des produits devront, tôt ou tard, retrouver leurs valeurs initiales, soit 1 kg de blé = 1 F (= 1 kg de tomates) et 1 kg de blé = 1 G (= 1 kg de tomates). Si, par conséquent, les producteurs doivent écouler leurs produits au même prix que précédemment, alors qu'une TVA a été créée, cela implique nécessairement qu'ils auront dû répercuter cette TVA sur la rémunération des facteurs de production : salaires, profits, intérêts sont diminués de 20 % en Gaule et de 10 % en Germanie. Dans ce cas, les taux de change restent constants, de même que les prix de vente en monnaie ou les prix relatifs entre produits : en Gaule, comme en Germanie, on échange 1 kg de blé contre 1 kg de tomates et les conditions de la spécialisation internationale ne sont pas modifiées par rapport à celles qui existaient avant introduction de la TVA dans chaque pays.

Par conséquent, quelles que soient les hypothèses faites sur l'évolution des masses monétaires et du taux de change, donc sur les prix monétaires, il n'en reste pas moins que les prix relatifs ne sont pas déterminés par les taux de TVA. Il est donc faux de dire que les producteurs gaulois sont « défavorisés » du fait d'un taux de TVA plus élevé : des différences de taux de TVA entre pays n'ont pas d'effet protectionniste. On peut signaler au passage certaines conséquences de cette idée, même si elles ne concernent pas directement le protectionnisme. Il en résulte tout d'abord qu'il n'y a aucune raison de rembourser la TVA à l'exportation et de la faire payer à l'importation. Du fait de cette pratique – qui est généralisée –, on peut dire que les échanges internationaux ne sont pas exactement identiques aux échanges intérieurs : en recourant aux échanges internationaux, on doit supporter des contraintes administratives particulières (coûts d'information, exigences administratives, délais de livraison, etc.). Cette différenciation peut être considérée comme un effet protectionniste (les échanges intérieurs et extérieurs ne sont pas parfaitement substituables). Mais il doit être clair que cet effet n'est pas la conséquence de différences dans les taux d'impôt, mais du fait que l'on croit nécessaire de « compenser » ces différences d'impôt et donc d'instaurer des procédures particulières lorsque l'échange est international. Dans ce cas, ce n'est probablement pas l'intention protectionniste qui est présente, mais l'erreur intellectuelle. Cela est d'autant plus frappant que la pratique du remboursement de la TVA à l'exportation est universellement pratiquée.

Une autre conséquence importante peut être tirée de l'idée que la TVA n'affecte pas les prix relatifs : si l'on passe d'un système où la TVA est remboursée à l'exportation à un système où elle ne l'est pas – comme cela est proposé dans le cadre du « marché unique européen » –, il n'est absolument pas nécessaire d'harmoniser les taux de TVA dans les différents pays concernés[1].

Impôts discriminatoires. – Introduisons maintenant l'hypothèse où il existe différents taux de TVA dans le même pays et supposons, par exemple, que la TVA sur

1. Nous avons expliqué en détail les raisons de notre hostilité à l'égard de l'harmonisation fiscale en Europe dans plusieurs textes, en particulier dans notre ouvrage *L'arbitraire fiscal,* Paris-Genève, Slatkine, 1996.

les automobiles soit égale à 30 % et la TVA sur les artichauts égale à 10 % en Gaule (le taux normal de TVA étant égal à 20 %), les taux de TVA restant égaux à 10 % dans l'autre pays, la Germanie. On pourrait alors être tenté de dire que les producteurs d'artichauts sont protégés, alors que les producteurs d'automobiles sont défavorisés (ils supportent une protection négative). En réalité, il y aurait là une extension excessive du concept de protection.

Prenons tout d'abord le cas où la TVA est remboursée à l'exportation, ce qui isole le système fiscal d'un pays par rapport au reste du monde. Il en résulte évidemment qu'il importe peu, du point de vue des échanges internationaux, qu'il existe une différenciation des taux de TVA à l'intérieur de la Gaule : les exportations sont effectuées « taxe exclue ».

Prenons maintenant le cas où la TVA n'est pas remboursée à l'exportation : du fait de la concurrence, les prix relatifs à l'intérieur de la Gaule sont identiques aux prix relatifs à l'intérieur de la Germanie (si l'on ne tient pas compte de différences éventuelles dans les coûts de transport). Dans l'exemple ci-dessus, en dépit des différences de TVA, le prix relatif entre les automobiles et les artichauts est le même dans les deux pays. Cela implique nécessairement que le taux de TVA plus élevé sur les automobiles en Gaule y soit supporté par les facteurs de production sous forme de moindres rémunérations (et, éventuellement, qu'il en résulte une impossibilité de concurrencer efficacement les producteurs étrangers). Symétriquement, le taux plus faible sur les artichauts implique que les facteurs de production bénéficient de rémunérations plus élevées (ou qu'ils soient en état de concurrencer les producteurs étrangers, alors qu'ils ne seraient pas concurrentiels s'ils avaient à supporter le taux normal).

On pourrait donc être tenté de dire – au moins dans le cas où il n'y a pas remboursement de la TVA à l'exportation – que la différenciation des taux de TVA à l'intérieur d'un pays favorise relativement certains producteurs et en défavorise d'autres et qu'elle peut donc s'analyser comme une mesure à effet protectionniste. Cette conclusion est cependant inexacte : le protectionnisme a pour conséquence de créer un écart entre les prix relatifs de deux produits à l'intérieur du pays et les prix relatifs de ces mêmes produits à l'extérieur, ce qui n'est pas le cas dans l'hypothèse que nous venons d'étudier : le prix relatif entre les automobiles et les artichauts est le même en Gaule et à l'extérieur. En réalité, la différenciation des taux de TVA défavorise les producteurs d'automobiles par rapport aux producteurs de tous autres produits, que ces producteurs soient nationaux ou étrangers. Symétriquement elle favorise les producteurs d'artichauts par rapport à tous les autres producteurs, qu'ils soient nationaux ou étrangers. Il n'y a donc pas de protection des producteurs nationaux par rapport aux producteurs étrangers. Un impôt comme la TVA – qu'il soit différencié selon les produits ou non, qu'il soit remboursé à l'exportation ou non – n'a pas d'effets protectionnistes, parce qu'il n'introduit pas de discriminations selon que le producteur est ou n'est pas étranger.

Or, il n'en va pas nécessairement ainsi avec n'importe quel impôt. Considérons par exemple l'impôt sur le revenu. D'une manière générale, il revient au même de prélever l'impôt en tant que TVA, c'est-à-dire sur la valeur ajoutée et donc sur les rémunérations qui en sont la contrepartie, ou sous la forme d'un impôt sur le revenu, c'est-à-dire d'un impôt payé en fonction des revenus perçus : prenons en effet, à titre d'exemple, le cas d'un individu dont le travail se traduit par une création de valeur égale à 100 au cours d'une période. Il revient au même pour lui qu'il existe une TVA de 10 % et qu'on lui paie 90 (soit 100 de valeur ajoutée – 10 de TVA) ou qu'on lui verse 100 de salaire et qu'on lui prélève 10 au titre de l'impôt sur le revenu. Mais il existe pourtant une différence entre TVA et impôt sur le revenu, à savoir que la base territoriale de ces deux impôts peut être différente. La TVA est perçue en fonction du lieu de localisation des différentes étapes du processus productif, que les propriétaires des revenus correspondants soient ou non situés sur le territoire national. L'impôt sur le revenu est normalement prélevé sur ceux qui résident sur le territoire national.

Prenons donc le cas d'un individu situé dans un pays B et qui possède un capital situé dans le pays A. Ce capital rapporte 100 par période. S'il y a une TVA dans le pays A, elle frappe le rendement de ce capital. S'il y a un impôt sur le revenu, le rendement du capital n'en est pas affecté (mais il peut fort bien subir un impôt sur le revenu dans le pays B).

Or, supposons qu'il existe des discriminations du point de vue de l'impôt sur le revenu, par exemple parce qu'il est progressif (le taux de l'impôt est différent selon le niveau de revenu) et imaginons la situation hypothétique suivante : il existe deux taux de l'impôt sur le revenu dans le pays A, soit 10 % et 50 %. Il existe par ailleurs deux catégories de travailleurs, ceux qui ont une formation et ceux qui n'en ont pas. Les premiers – dont la rémunération est plus élevée – sont imposés au taux de 50 % et les seconds au taux de 10 %. Par ailleurs, il existe un seul taux de l'impôt sur le revenu, égal à 20 %, dans le pays B. Enfin, deux biens sont produits, les salades qui demandent relativement peu de travailleurs formés, et les ordinateurs qui en demandent relativement beaucoup. La discrimination fiscale dans le pays A décourage relativement les travailleurs formés par rapport aux travailleurs non formés, ce qui n'est pas le cas dans le pays B[1]. La production d'ordinateurs dans le pays A est donc relativement découragée par rapport à la production de salades. Or, la discrimination fiscale n'est applicable qu'aux producteurs du pays et non aux étrangers, contrairement à ce qui se passait dans le cas où les taux de TVA étaient différenciés. Il y a bien une discrimination à l'égard des producteurs nationaux d'ordinateurs et, symétriquement, une protection (relative) des producteurs nationaux de salades. Dans ce cas, la fiscalité a bien un effet protectionniste. Comme nous l'avons vu au chapitre II, l'effet protectionniste dont bénéficient certains producteurs d'un pays n'est que la contrepartie d'un désavantage (protection négative) qui pèse sur d'autres[2].

Le résultat que nous avons obtenu peut être interprété comme une extension du concept strict de protectionnisme. L'effet protectionniste résulte du fait que l'impôt concerné a deux caractéristiques qui sont également inhérentes aux droits de douane :

- l'impôt est différencié (c'est-à-dire qu'il existe des taux différents selon les activités ou les personnes) ;

1. Les individus sont relativement moins incités à se former dans le pays A ou bien ils émigrent du pays A vers le pays B.

2. Il est étrange de constater qu'il est fréquent – de la part d'autorités publiques ou de l'opinion – de réclamer l'harmonisation de la TVA au sein de l'Union européenne et pas l'harmonisation de l'impôt progressif sur le revenu, alors que la première n'a pas d'effets protectionnistes, contrairement au second ! Cela illustre le fait que la plupart des décisions publiques sont prises ou discutées sans référence à la théorie économique.

– l'impôt établit une discrimination entre les nationaux et les étrangers. Dans le cas des droits de douane, il frappe les produits fabriqués à l'étranger, dans le cas de l'impôt progressif sur le revenu il frappe les résidents nationaux et pas les étrangers.

II. – Subventions et réglementations

L'analyse des effets protectionnistes d'une politique de transferts publics est évidemment beaucoup plus facile que celle des effets de la politique fiscale. Prenons par exemple le cas d'une politique industrielle consistant à accorder des subventions publiques à des entreprises spécifiques ou à des secteurs d'activité spécifiques. Dans la mesure où les bénéficiaires en sont des producteurs nationaux et non étrangers, on a typiquement une situation dans laquelle certains producteurs nationaux bénéficient d'un avantage relatif par rapport à leurs concurrents étrangers. Ils bénéficient également d'un avantage relatif par rapport aux autres producteurs nationaux puisque les ressources qu'ils obtiennent sont nécessairement prélevées sur eux. Il existe cependant certaines différences entre une politique de subventions et une politique de droits de douane :

– Comme nous l'avons vu, lorsqu'on a recours aux droits de douane, les prix relatifs intérieurs deviennent différents des prix relatifs extérieurs. Cela n'est pas le cas avec une politique de subventions : celles-ci ont précisément pour but de rendre les prix relatifs intérieurs de certains producteurs « compétitifs » avec ceux des producteurs étrangers. Mais, dans la mesure où les subventions permettent à des producteurs de vendre à des prix inférieurs à leurs coûts de production, cette politique permet de maintenir des coûts de production relatifs différents des prix relatifs extérieurs. L'effet protectionniste est donc identique à celui d'une politique directement protectionniste (droits de douane, par exemple) : les ressources – actuelles ou futures – dans un pays ne sont pas utilisées de la manière la plus efficace, la structure des échanges internationaux en est modifiée, le gain de l'échange est diminué, le gain de certains producteurs est obtenu aux dépens d'autres producteurs ou d'autres individus (la valeur du gain des uns étant inférieure à la valeur de la perte des autres).

– Dans le cas où la puissance publique impose des droits de douane, elle reçoit les recettes correspondantes. Dans le cas où elle accorde des subventions, elle doit au contraire en trouver le financement nécessaire. On peut considérer que le recours aux subventions présente un avantage relatif dans la mesure où il permet de mieux mesurer le coût des privilèges accordés à certains producteurs. Mais une évaluation précise des deux types de politiques impliquerait évidemment de connaître la manière dont les subventions sont financées : incidence, répartition et effets des impôts ou des emprunts publics correspondants. Par ailleurs, on a vu que, dans certaines circonstances, les recettes tirées des droits de douane pouvaient être partiellement prélevées sur des étrangers, alors que les subventions sont presque nécessairement financées par prélèvement sur les résidents du pays concerné.

Une politique de subventions et une politique de protection directe peuvent donc être considérées en partie comme des substituts l'une de l'autre.

On peut exprimer de manière très générale les raisonnements précédents en disant que l'effet protectionniste (positif ou négatif) résulte de l'introduction par un État d'une charge spécifique ou d'un bénéfice spécifique impliquant une différence de traitement entre les citoyens (ou résidents) de cet État et les étrangers. Or, une charge spécifique peut prendre la forme d'une réglementation. On peut d'ailleurs souligner qu'il y a équivalence entre un impôt et une réglementation. En effet, supposons par exemple qu'un État désire construire une route. Il peut la construire lui-même et la financer par un prélèvement fiscal. Ou il peut obliger un certain nombre de personnes – par exemple, celles qui en bénéficient le plus directement – à la construire.

De manière générale, si une réglementation impose un coût particulier à certains types de productions, les prix relatifs en sont modifiés. Or, par définition, un État ne peut imposer sa réglementation qu'à ses résidents : on trouve bien ici l'élément de discrimination entre les nationaux et les étrangers qui est caractéristique de l'effet protectionniste. Si, par exemple, un État impose des normes de sécurité ou de pollution spécifiques pour certaines productions et si ces normes ont un coût *relativement* plus élevé que cela n'est le cas pour les normes appliquées à l'étranger, les activités correspondantes supportent une protection négative (un désavantage relatif). Les autres activités du pays – qui supportent des contraintes *relativement* moins coûteuses – bénéficient par contre d'une protection positive. Comme dans d'autres cas que nous avons rencontrés antérieurement, l'intention protectionniste n'existe pas nécessairement. L'effet protectionniste n'en est pas moins présent, même s'il est impossible à évaluer[1].

1. Pour évaluer l'effet protectionniste (positif ou négatif) sur une activité donnée, il faudrait pouvoir, d'une part, évaluer l'incidence de la réglementation sur les coûts de production de cette activité, mais aussi l'incidence de toutes les autres réglementations sur toutes les autres activités dans le pays et à l'extérieur.

Chapitre IV

LES ARGUMENTS PROTECTIONNISTES

D'après ce qui a été vu dans les chapitres précédents, le protectionnisme implique toujours, quelles que soient les méthodes utilisées, que certains producteurs font un gain aux dépens des autres producteurs et des consommateurs. Par ailleurs, en application de la théorie générale du monopole, la valeur des ressources perdues par les uns est supérieure à la valeur des ressources ainsi obtenues par les autres. L'argument libre-échangiste paraît donc imparable. Pourtant, dira-t-on peut-être, le protectionnisme existe et il est même très répandu : ne serait-ce pas le signe qu'en dépit de son coût, il permettrait de répondre à certains besoins ? En retenant des critères d'évaluation dont nous n'avons pas encore tenu compte, on pourrait peut-être trouver des situations où le gain, en termes de ces critères, ferait plus que compenser la perte due au fait qu'on se prive des avantages de l'échange libre. Nous discutons donc dans ce chapitre les arguments les plus courants en faveur du protectionnisme.

I. – L'industrie dans l'enfance

L'argument de l'industrie dans l'enfance est probablement l'argument en faveur de la protection le plus utilisé. Il consiste à dire que la théorie du libre-échange serait « statique », en ce sens qu'elle tiendrait compte des avantages comparatifs actuels et non des avantages comparatifs potentiels. En d'autres termes, il se peut fort bien, d'après les défenseurs de cet argument, qu'une activité ne paraisse pas rentable à un moment donné dans un pays donné, compte tenu des prix de vente sur le marché mondial et des coûts de production internes, mais qu'elle puisse le devenir dans le futur. En effet, pour atteindre des prix « compétitifs », il faudrait, par exemple, atteindre une échelle de production suffisante – ce qui n'est pas possible dès le démarrage d'une activité – ou bénéficier d'un processus d'apprentissage, qui prend forcément du temps. Il serait donc regrettable d'empêcher le développement d'une activité qui ne « paraît » pas rentable à court terme, mais qui pourrait le devenir au bout de quelques années. Cet argument paraît convaincant. Il n'est pourtant pas recevable.

Plaçons-nous, en effet, du point de vue d'un producteur qui se lance dans une nouvelle activité. Il compare la valeur actualisée de ses dépenses actuelles et futures et la valeur actualisée de ses recettes anticipées[1]. Il se lancera dans cette activité si le profit anticipé – c'est-à-dire la différence entre la totalité des dépenses (actualisées) et la totalité des recettes (actua-

1. Une valeur actualisée – rappelons-le – consiste à évaluer une valeur future en termes de valeurs actuelles. Soit V_t la valeur prévue d'une variable – par exemple, un flux de revenus – au cours d'une période future t (l'année actuelle étant l'année 1). La valeur actualisée de V_t est égale à $V_t/(1 + r)^t$ où r représente le taux d'intérêt. En effet, $1 + r$ représente le prix relatif du temps : on peut passer de la période actuelle à la période suivante ou inversement en utilisant ce prix relatif. Si, par exemple, le taux d'intérêt est égal à 10 % par an, la valeur actuelle d'une créance qui vaudra 110 l'an prochain est égale à 100 : il revient au même de détenir 100 aujourd'hui (qui rapportent 10 % par an) ou de détenir la promesse d'obtenir 110 l'an prochain : sur le marché on peut vendre cette créance pour une valeur *actuelle* égale à 100.

lisées) – lui paraît suffisant. Il ne suffit d'ailleurs pas que le profit soit positif pour qu'on s'engage dans une activité, mais il faut encore qu'il soit supérieur au profit escompté dans d'autres activités possibles. Il n'est pas non plus suffisant, bien entendu, qu'au cours d'une période future quelconque les recettes de cette période soient supérieures aux dépenses de cette même période : il faut que cet excédent de recettes permette de compenser, et au-delà, les pertes des années précédentes. Autrement dit, la rentabilité d'une activité ne peut pas s'évaluer en isolant de manière arbitraire les années où les recettes sont supérieures aux dépenses et en ne tenant pas compte des années où l'activité est déficitaire.

C'est pourtant un raisonnement de ce genre qui est implicitement fait par ceux qui défendent l'argument de l'industrie dans l'enfance : ils considèrent, en effet, que la rentabilité d'une activité peut s'apprécier en ne tenant compte que des périodes futures où – suppose-t-on – les recettes seront supérieures aux dépenses. Or, il est de la nature même d'un processus d'investissement que, *dans toute activité,* la rentabilité ne puisse pas être positive dès que l'on commence à réaliser un projet. L'argument de l'industrie dans l'enfance devrait donc conduire à soutenir de manière artificielle n'importe quel projet, sous prétexte qu'il n'est pas rentable pendant une certaine période. En protégeant artificiellement une activité – par exemple, au moyen d'un tarif douanier ou d'une subvention –, on modifie les conditions du calcul économique et on donne l'impression qu'une activité peut être rentable, même si elle ne doit pas l'être. Dire qu'une activité est rentable, c'est dire qu'elle génère plus de valeur qu'elle n'en détruit. Dire qu'une activité n'est pas rentable, c'est dire qu'elle détruit plus de ressources qu'elle n'en crée. En faisant croire qu'une activité est rentable, alors qu'elle ne l'est pas, on gaspille donc des ressources.

Il ne faut pas oublier en effet que la protection a toujours un coût : le gain supplémentaire enregistré dans l'activité protégée résulte d'un transfert, c'est-à-dire que d'autres activités, d'autres individus supportent un coût (dont la valeur absolue est d'ailleurs plus élevée que le gain de ceux qui sont protégés). La plus grande rentabilité apparente de l'industrie dans l'enfance qui est ainsi protégée correspond donc nécessairement à une moins grande rentabilité d'autres activités, qu'elles soient ou non « dans l'enfance ». Il se peut que la croissance de ces activités en soit freinée ou même qu'elles soient mises en faillite. Un grave problème vient du fait suivant : même si nous sommes absolument certains que cet effet de transfert entre activités existe, nous ne savons généralement pas quelles sont les activités spécifiques qui supportent le coût de la protection accordée à d'autres. Il est à peu près impossible pour quelqu'un qui subit une protection négative de repérer le phénomène et de le relier à la protection positive des autres.

Dans la mesure où la protection des industries dans l'enfance conduit à gaspiller des ressources, c'est-à-dire à créer, encourager, développer des activités qui coûtent plus qu'elles ne rapportent sur l'ensemble de leur durée de vie, le taux de croissance globale d'une économie nationale où l'on pratique une telle politique de manière généralisée peut en être largement affecté. Il peut même devenir nul ou négatif en contraignant à transférer des ressources des activités rentables vers les activités qui ne le sont pas. Ce phénomène explique probablement la faible croissance de beaucoup de pays pauvres qui pratiquent d'importantes politiques protectionnistes, que l'on justifie généralement en recourant à l'argument de l'industrie dans l'enfance. C'est le cas, en particulier, de beaucoup de pays d'Amérique latine jusqu'à une époque récente : sous l'impulsion d'une doctrine économique essentiellement diffusée par Raoul Prebisch et la Commission économique pour l'Amérique latine de l'ONU (CEPAL), ces pays ont adopté des politiques économiques fondées sur la « substitution aux importations » : en voulant faire produire à l'intérieur ce qui pouvait être obtenu par l'échange, les gouvernements de ces pays ont provoqué une mauvaise allocation des ressources et une faible croissance.

Par ailleurs, l'argument de l'industrie dans l'enfance a pour conséquence de substituer le jugement de l'homme politique ou du bureaucrate à celui de l'entrepreneur. En effet, lorsqu'un entrepreneur considère qu'il est souhaitable pour lui de se lancer dans une activité, en l'absence de toute protection, il tient compte de toutes les informations qu'il possède et, en particulier, de certaines qui lui sont propres et qui concernent la manière dont il compte organiser ses processus de production : techniques utilisées, modes de relations humaines, politique de marketing, etc. Tout ce savoir très diversifié et complexe est essentiel au développement de l'entreprise. Mais il n'est que très partiellement communicable. Celui qui décide de la politique de protection des « industries dans l'enfance » n'a absolument pas les moyens de connaître tous les projets entrepreneuriaux qui se développent à tout moment dans toutes les branches de la production. Il n'a donc absolument pas le moyen de décider quelles sont les activités qu'il convient d'aider par une politique protectionniste. Ses critères de décision ne reposent donc pas sur la comparaison des taux de rentabilité espérés, mais sur de tout autres critères, par exemple ses préjugés en faveur de certaines activités, les pressions politiques qu'il subit, etc. À la décision d'entrepreneurs relativement bien informés et responsables (puisqu'ils subissent eux-mêmes les conséquences de leurs actes), on substitue donc les décisions d'hommes politiques et de fonctionnaires qui sont mal informés et non responsables (puisqu'ils ne peuvent pas être sanctionnés pour leurs mauvais choix, personne ne pouvant déterminer quelles activités ont été empêchées de se développer parce que d'autres ont bénéficié de privilèges protectionnistes).

II. – Les activités nationales « prioritaires »

L'argument protectionniste selon lequel certaines activités nationales sont prioritaires et doivent être protégées est en fait très proche de l'argument de l'industrie dans l'enfance. Certes, il reconnaît implicitement le coût de la protection, mais il considère que des gains compensateurs doivent être pris en considération. Bien entendu, il est impossible de définir de manière rigoureuse ce qu'est une « activité prioritaire » et c'est pourquoi cet argument est utilisé par ceux qui trouvent un intérêt – personnel ou autre – à rechercher la protection en question. Faute de pouvoir définir ce concept et faute de pouvoir donner la liste des activités « prioritaires », prenons des exemples à propos desquels l'argument est fréquemment invoqué.

On dira par exemple qu'il est de l'intérêt national de protéger des activités où l'innovation technologique est importante à cause des « retombées technologiques » dont peuvent profiter d'autres activités. Or, comme toutes les autres ressources, les ressources utilisables pour l'innovation technologique sont rares, qu'il s'agisse des hommes ou du matériel. Le problème économique consiste donc essentiellement à les utiliser le mieux possible. Imaginons par exemple qu'elles soient incitées à se diriger vers un certain secteur A qui bénéficie d'une protection particulière, sous prétexte que les innovations pourront éventuellement servir aux secteurs B, C ou D. Si, véritablement, des innovations technologiques sont rentables dans ces activités, les ressources correspondantes y seront demandées et rémunérées de manière satisfaisante, en l'absence de toute protection. Mais en dirigeant ces ressources vers le secteur A au moyen de la protection, on les rend indisponibles pour les autres secteurs. L'argument consistant à invoquer les retombées technologiques éventuelles de la protection accordée au secteur A est donc irrecevable.

On dit également souvent que certaines activités sont « essentielles » à la survie d'un pays ou qu'elles ont une importance « stratégique », de telle sorte qu'elles doivent être protégées « coûte que coûte » : il faudrait éviter, par exemple en cas de guerre, que les habitants du pays soient privés de certains biens, parce que les importations seraient devenues impossibles et que la production nationale aurait disparu sous l'effet de la concurrence étrangère. Cet argument n'est pas sans intérêt, mais il est pratiquement impossible de l'évaluer de manière générale. Il dépend en effet de circonstances spécifiques et mal connues : quel type de conflit devra-t-on affronter, quelles alliances resteront possibles ? En réalité, il y a là un problème de décision en situation de risque. Si l'on voulait éviter absolument tout risque, il faudrait que les habitants du pays soient capables de produire tout ce qui leur est nécessaire, à supposer que l'on puisse définir « ce qui est nécessaire ». Et encore faudrait-il envisager l'hypothèse où il existerait une révolution intérieure ou une sécession intérieure : à la limite, la sécurité absolue est obtenue lorsque chaque individu produit lui-même « tout ce dont il a besoin ».

Il est vrai que l'on court un risque lorsqu'on doit recourir à un autre pour satisfaire un besoin. Mais le gain qu'a apporté le développement des échanges n'aurait pas été possible si l'on n'avait pas accepté une part de risque. L'argument de l'activité stratégique n'est, en ce sens, que le refus de l'échange.

Il ne peut pas exister de critère objectif de ce qui est « indispensable » ou « stratégique ». En acceptant cet argument protectionniste, on court donc le risque d'accepter d'allonger indéfiniment la liste de ce qui doit être produit par un pays sans recours à l'importation ou même – pourquoi pas ? – ce qui doit être produit par une région, une ville, un village, un quartier, sans recourir à l' « extérieur ». Du fait de son caractère flou, l'argument de la protection à but stratégique risque donc de n'être rien d'autre qu'un alibi pour l'obtention de privilèges particuliers : qu'ils soient producteurs d'automobiles, de téléphones ou d'ordinateurs, nombreux sont ceux qui prétendront que leur activité a un rôle stratégique essentiel.

III. – La protection contre le *dumping*

L'un des arguments les plus fréquemment avancés en faveur du protectionnisme consiste à dire que certains producteurs étrangers ou certains pays étrangers pratiquent le *dumping,* c'est-à-dire qu'ils vendent leurs produits à des prix exceptionnellement bas, de manière à s'emparer d'un autre marché. Il conviendrait alors de protéger les producteurs nationaux contre cette « concurrence déloyale ». À la limite, dit-on, un producteur étranger peut fort bien mener cette politique de bas prix de manière à éliminer définitivement les producteurs du pays concerné, quitte à relever ses prix jusqu'à un niveau « normal » après s'être ainsi « emparé » du marché. Pour le moment, nous allons seulement nous occuper du cas où un producteur pratique une politique de dumping pour son propre compte. Nous verrons ultérieurement le cas où cette politique de dumping est pratiquée par les autorités publiques d'un pays et non par une entreprise particulière.

Définition du dumping et exemples. – Pour évaluer la pertinence de cet argument, il nous faut d'abord une définition précise du dumping. Celui-ci se définit tout simplement comme la différenciation de prix : il y a dumping lorsqu'un producteur demande un prix différent pour un même produit selon le segment de marché auquel il s'adresse.

Cette pratique est courante dans de nombreuses activités et elle résulte tout simplement de la stratégie commerciale des entrepreneurs, soucieux de maximiser leurs profits : la différenciation des prix permet d'atteindre des clientèles variées. Ainsi, dans le domaine du transport aérien, il existe des tarifs normaux et un certain nombre de tarifs moins élevés. Ces derniers s'adressent plus particulièrement à des types de clientèles qui ne voyageraient peut-être pas si elles avaient à supporter le tarif normal et qui sont prêtes à accepter un certain nombre de contraintes en contrepartie (dates fixes, durée de séjour minimale, arrêts en cours de route interdits, etc.). L'activité de transport aérien ne serait pas rentable si tout le monde bénéficiait des tarifs les plus bas. Symétriquement, l'existence des seuls tarifs réguliers conduirait probablement à faire circuler des avions en partie vides : il ne coûte pas très cher à une compagnie aérienne de transporter des passagers supplémentaires, et les tarifs promotionnels leur laissent donc un bénéfice.

De la même manière, lorsqu'un cinéma propose des prix plus faibles aux étudiants en semaine, il pratique une politique de différenciation de prix : partant de l'hypothèse que les ressources potentielles de ce type de clientèle sont limitées, mais qu'elle dispose d'une plus grande disponibilité de son temps, le propriétaire du cinéma peut ainsi maximiser ses ressources en obtenant un meilleur remplissage de sa salle. En termes plus techniques, on dira que la différenciation de prix – c'est-à-dire le dumping[1] – est pratiquée lorsqu'un producteur a la possibilité de « segmenter » son marché entre des catégories d'acheteurs dont les demandes ont des élasticités-prix différentes : on proposera un prix plus faible à celui qui est plus sensible au prix.

Dumping d'une entreprise étrangère. – Cette politique est donc parfaitement rationnelle de la part des producteurs et, par ailleurs, elle profite aux consommateurs, puisqu'elle leur permet d'obtenir une plus grande différenciation des prix et des prestations, donc une plus grande chance de satisfaire leurs besoins propres. Il est par conséquent difficile de considérer que la différenciation de prix est répréhensible. Pourquoi, alors, refuser le dumping de firmes étrangères ? En effet, si la différenciation de prix était « nuisible », il conviendrait de la réprimer aussi bien lors-

1. On a pris l'habitude de parler de dumping lorsqu'on se réfère à la politique de prix de producteurs « étrangers ». La méfiance qu'on a développée à leur égard à notre époque a donné une coloration négative à ce terme, alors que l'expression « différenciation de prix » est neutre. Il s'agit pourtant d'une même réalité.

qu'elle est pratiquée par une firme « nationale » que par une firme « étrangère ». Il faudrait donc, par exemple, interdire les tarifs spéciaux des compagnies aériennes ou les prix pour étudiants des cinémas ; ou bien imposer une taxe spéciale compensatrice – semblable à un droit de douane « anti-dumping » – de manière à « protéger » les producteurs qui ne pratiquent pas la différenciation de prix (peut-être parce qu'ils ont une mauvaise politique commerciale). Et si la différenciation des prix n'est pas répréhensible – ce qui est effectivement le cas –, pourquoi la punir lorsqu'elle est pratiquée par des producteurs qui se trouvent situés sur un territoire étranger ? La justification traditionnelle des « droits anti-dumping » semble donc bien être un alibi pour ceux qui réclament cette protection et pour ceux qui l'accordent.

La pratique du dumping est d'ailleurs moins facile qu'on ne le pense en général. Elle suppose en effet que l'on puisse effectivement segmenter les marchés. C'était le cas dans les exemples ci-dessus, puisqu'il n'est pas possible pour un étudiant de revendre sa place de cinéma à un prix plus proche du prix normal ou au possesseur d'un billet d'avion à bas tarif de supprimer les contraintes qui s'y rattachent. Il y a en effet une forte personnalisation du produit dans ces différents cas. Mais il est beaucoup plus douteux que cela soit possible pour des biens « fongibles » ou facilement transmissibles. Ainsi, si un producteur japonais d'automobiles proposait des prix particulièrement faibles en France de manière à détruire l'industrie automobile française, il courrait le risque que ses automobiles soient réexportées vers l'Allemagne, l'Italie ou même... le Japon, si la différence de prix entre le prix normal et le prix de dumping était inférieure aux coûts de transport. Le producteur en question serait ainsi supplanté dans de nombreux pays par des importateurs français de voitures japonaises qui les réexporteraient et qui recevraient à sa place une bonne partie des profits dus à la vente d'automobiles. C'est dire que la politique de différenciation de prix trouve facilement ses limites et que le dumping est moins généralement pratiqué qu'on ne veut bien le prétendre.

Des difficultés semblables guettent ce que l'on peut appeler le « dumping prédateur », c'est-à-dire ce comportement d'entreprise qui conduirait à vendre à perte sur le marché d'un pays de manière à ruiner les producteurs de ce pays, à les remplacer ultérieurement et à en profiter pour obtenir des « profits de monopole ». Imaginons en effet, par exemple, qu'un producteur d'automobiles A, situé dans un pays appelé Nippo, envisage une politique de ce genre dans un autre pays, la Gaule. Compte tenu des informations dont il dispose, il calcule qu'il a une probabilité forte d'aboutir à ruiner l'industrie automobile de la Gaule en trente mois et en supportant une perte égale à N. Pour que le jeu en vaille la peine, il faut que la valeur actualisée des profits qu'il réalisera par la suite, lorsqu'il sera devenu maître du marché, soit au moins égale à N. Par ailleurs, on doit faire les remarques suivantes :

– Si, véritablement, il est possible d'agir ainsi, on peut se demander pourquoi d'autres producteurs ne le feraient pas. En particulier, on pourrait très bien imaginer qu'un des producteurs d'automobiles de la Gaule envisage cette politique : si, par exemple, il existe deux producteurs en Gaule, l'un d'entre eux pourrait chercher à éliminer l'autre de manière à être « maître » du marché national. Si d'autres producteurs que le producteur A, venu de Nippo, ne se lancent pas dans cette politique, c'est peut-être que le risque est trop grand pour que le jeu en vaille la peine ; ou bien que ces autres producteurs ne sont pas assez efficaces pour prendre de tels risques.

– Par ailleurs, le producteur A, lorsqu'il envisage de se lancer dans une action de « dumping prédateur », fait normalement le raisonnement suivant : « Si je réussis à ruiner l'industrie automobile de la Gaule, rien ne m'assure que je pourrai y disposer d'un monopole et fixer mes prix de vente au niveau qui est le plus profitable pour moi. En effet, il existe d'autres producteurs d'automobiles dans le monde et chacun d'eux essaiera peut-être de profiter de l'opportunité que j'aurai créée en supprimant les producteurs de la Gaule. Je risque donc de supporter la perte N pour que d'autres que moi en tirent un profit. Le risque en vaut-il la chandelle ? » Dans la plupart des cas, la réponse est probablement négative, d'autant plus, d'ailleurs, que le degré de risque de cette action est important : combien de temps faudra-t-il pour ruiner l'industrie automobile de la Gaule, quel sera le véritable montant de la perte N, ne risque-t-on pas des mesures de rétorsion du gouvernement de la Gaule ? Pour que le « dumping prédateur » existe, il faudrait à la fois que le degré de risque soit faible et que l'industrie « prédatrice » ne rencontre pratiquement pas de concurrence. Cela veut dire que le « dumping prédateur » n'est probablement rien de plus qu'un mythe, mais un mythe qu'il est commode pour les entrepreneurs peu performants d'agiter, de manière à obtenir des mesures protectionnistes de la part de leur gouvernement.

D'une manière générale, une économie de concurrence – et donc d'innovation – se caractérise par le fait que les stratégies d'entreprise se heurtent continuellement et qu'elles incluent, en particulier, l'élimination des concurrents. Chaque producteur essaie de maximiser son profit à long terme, l'extension de ses parts de marché n'étant qu'un élément de cette stratégie. Dans une économie concurrentielle, la sélection à long terme se fait en faveur des entreprises les plus performantes, c'est-à-dire celles qui produisent les meilleurs produits à moindre coût. Et cette sélection implique nécessairement la disparition des entreprises moins performantes. Il est alors absurde de dire que les premières font du « dumping prédateur » et, encore plus, qu'elles pratiquent une « concurrence déloyale ». Il ne viendrait sans doute à l'esprit de personne d'interpréter ainsi la situation lorsque la concurrence s'exerce entre deux entreprises d'un même pays : on reconnaîtra seulement les mérites de l'une et les défauts de l'autre. C'est donc un manque total de logique de raisonner autrement lorsqu'il se trouve que les deux entreprises qui cherchent à s'éliminer sont situées sur des territoires nationaux différents.

Il se passe en fait ceci : il est relativement difficile – mais pas totalement impossible – pour une entreprise peu performante de demander à son gouvernement de la protéger (par des subventions, des contingentements, des mesures réglementaires) contre la prétendue « concurrence déloyale » d'un autre producteur du même pays, car celui-ci exerce des pressions symétriques à l'encontre de cette protection spécifique. Par contre, si cet autre producteur est situé sur un autre territoire national, le moins performant peut rechercher la protection de son gouvernement, par exemple sous prétexte qu'il existe du « dumping prédateur », sans que le producteur plus performant puisse exercer une pression compensatrice quelconque sur ce même gouvernement.

Le progrès économique a été historiquement possible, dans le monde occidental en particulier, parce que les gouvernements n'ont pas eu pour principe général de protéger les entreprises peu performantes contre la concurrence des entreprises plus performantes. S'ils l'avaient fait, nous serions depuis des siècles dans des économies stagnantes : nous nous éclairerions à la bougie, nous utiliserions des charrettes tirées par des chevaux et nous n'aurions pas de quoi soigner nos enfants. Le nationalisme économique, consistant à utiliser un raisonnement diamétralement opposé lorsque la concurrence a lieu entre entreprises situées sur des territoires différents et lorsqu'elle concerne des entreprises de même nationalité, freine donc nécessairement la croissance économique.

Autrement dit, l'idée selon laquelle le protectionnisme serait justifié pour empêcher le dumping de certaines firmes revient à accorder par la contrainte – puisque la protection est *imposée* par les hommes de l'État – une position monopolistique à certaines firmes sous prétexte d'éviter des positions monopolistiques futures qui sont en fait généralement fictives.

On peut enfin souligner qu'il est étrange de reprocher à des producteurs de pratiquer la différenciation de prix, ce qu'ils ne font pas nécessairement ou qu'ils font pour des raisons d'efficacité productive, alors qu'on ne songe pas à reprocher aux hommes des États de pratiquer des politiques protectionnistes. Pourtant, celles-ci constituent de toute évidence des mesures de différenciation de prix.

Dumping exercé par un « pays ». – Nous avons supposé ci-dessus que la différenciation de prix résultait des décisions explicites de l'entreprise exportatrice, qui cherche à maximiser son bénéfice. Mais la différenciation de prix peut résulter d'une intervention étatique. Tel est le cas si, par exemple, un État subventionne une exportation spécifique[1]. Il en résulte que le produit ainsi subventionné bénéficie d'un avantage relatif que ne justifieraient pas ses conditions de production « naturelles ». Il y a donc bien différenciation de prix, selon que le produit est vendu à l' « intérieur » ou à l'extérieur, même si cette différenciation ne résulte pas des décisions de l'entreprise qui produit ce bien.

Dans quelle mesure un protectionnisme compensateur dans le pays importateur peut-il alors être justifié, de manière à éviter l'avantage concurrentiel ainsi obtenu par le producteur étranger ? L'argumentation est en fait peu différente de celle que nous avons déjà utilisée. En effet, on peut imaginer qu'un État cherche à exercer un « dumping prédateur » en accordant des subventions à l'exportation. Mais, du point de vue du pays importateur, il importe peu que la perte correspondant à la différenciation de prix soit supportée par le producteur étranger ou par l'État étranger. Le fait que le prix relatif d'un bien soit ainsi diminué pour les habitants du pays importateur représente en tout état de cause un gain pour eux : les contribuables étrangers les subventionnent en diminuant le prix du bien qu'ils importent. Pourquoi ne pas en profiter, pourquoi chercher à annuler ce gain par des droits de douane compensateurs ? Certes, le calcul économique n'est pas tout à fait de même nature dans cette hypothèse et dans l'hypothèse d'une différenciation de prix prise en charge par l'entreprise productrice. Dans ce dernier cas – celui que nous avons étudié précédemment –, l'entreprise a intérêt à comparer le coût actuel de la

1. Nous ne retenons pas l'hypothèse, évoquée dans le chapitre II, où des subventions à même taux sont accordées à toutes les exportations, mais celle où il existe une subvention spécifique sur un ou plusieurs produits.

différenciation et le gain qu'elle en espère pour le futur. Si la différenciation de prix résulte d'une intervention étatique (subvention), il y a deux centres de décision poursuivant éventuellement des objectifs différents. Il se peut, par exemple, que les hommes de l'État ne se préoccupent pas de l'obtention d'un profit maximum à long terme pour l'entreprise exportatrice, mais qu'ils cherchent tout simplement des avantages politiques à court terme, en offrant un privilège particulier à l'entreprise exportatrice.

Mais on peut dire aussi que l'intervention étatique en question fait partie de l'ensemble des conditions de production qui déterminent les avantages comparatifs et qu'il n'y a pas de raison particulière de l'isoler et de la compenser, alors qu'il existe d'autres causes de différenciation des coûts de production entre les deux pays, dont beaucoup sont peut-être d'origine étatique. Ainsi, si une activité subit une réglementation spécifique dans un pays, l'ensemble des avantages comparatifs sont modifiés. Or, il est impossible de calculer ce que seraient les prix relatifs si l'État n'intervenait pas et, par conséquent, d'essayer de compenser, par des droits de douane dans le pays importateur, les effets sur les prix relatifs de toutes les interventions étatiques à l'étranger. Ces interventions représentent des causes de différenciation des structures productives dont chacun doit s'efforcer de tirer, par l'échange international, tout l'avantage possible.

Il faut, enfin, récuser une idée assez souvent exprimée et qui consiste, par exemple, à dire que les pays à bas salaires font du dumping, parce que leurs producteurs sont capables d'offrir certains produits à très bas prix. Il y a là un usage erroné du terme *dumping,* puisque, nous l'avons vu, il y a dumping lorsqu'il y a différenciation de prix, ce qui n'est pas le cas. Mais, au-delà de la mauvaise utilisation d'un terme, il faut aussi critiquer la justification que l'on donne ainsi au protectionnisme. En effet, nous avons déjà vu que l'échange est profitable aux deux parties dans la mesure où celles-ci ne produisent pas dans les mêmes conditions. Si la productivité du travail – et donc le salaire réel – est faible dans un pays, il est dans l'intérêt de tous que ce pays se spécialise relativement dans les productions demandant relativement beaucoup de main-d'œuvre, ses partenaires se spécialisant dans des productions demandant relativement plus de capital et de technologie perfectionnée. Poursuivons alors jusqu'à son extrême limite l'argument selon lequel il faudrait se protéger de la concurrence en provenance d'un « pays » qui bénéficierait d'un avantage relatif du fait de l'existence de bas salaires. Tout avantage relatif devrait alors être considéré comme inadmissible et devrait entraîner une mesure protectionniste en compensation, jusqu'à ce que l'échange international ne soit plus possible. Et pourquoi l'argument serait-il valable pour les relations entre pays et pas pour les relations entre régions ? Il faudrait donc protéger les producteurs d'une région contre la concurrence des producteurs des autres régions bénéficiant d' « avantages relatifs » spécifiques. Et pourquoi pas, alors, protéger les villes et les villages jusqu'à ce que, finalement, on interdise tous les échanges entre les hommes et donc tout progrès économique ?

IV. – L'équilibre de la balance des paiements

Le protectionnisme est souvent invoqué ou utilisé en tant que politique visant à l' « équilibre extérieur », c'est-à-dire à la suppression de ce qu'on appelle un

« déficit de balance des paiements ». Pour apprécier cet argument, il est donc nécessaire de comprendre ce qu'est la balance des paiements. La balance des paiements d'un pays est un compte qui retrace l'ensemble des transactions au cours d'une période entre un pays et le reste du monde. On peut distinguer trois composantes essentielles de la balance des paiements, correspondant aux trois grandes catégories de biens échangés : le compte des marchandises (produits matériels et services), que l'on appelle en général la balance commerciale, le compte des titres et actifs financiers (ou balance des capitaux) et le compte monétaire. On dira qu'il y a « déficit de la balance des paiements » si le pays est vendeur de monnaie et donc acheteur de marchandises et/ou d'actifs financiers.

L'analyse de la balance des paiements devrait être considérée comme une simple application de la théorie générale de l'échange que nous avons présentée au chapitre I. Comme nous le savons, dans toute transaction il y a toujours une partie vente et une partie achat qui ne peuvent absolument pas être séparées l'une de l'autre : un individu ou un groupe d'individus – par exemple, ceux qui constituent un pays – achètent parce qu'ils vendent, ils vendent parce qu'ils achètent. Cette proposition simple conduit à une autre proposition concernant la balance des paiements : on ne peut pas modifier une partie d'une transaction – la partie vente ou la partie achat – sans modifier l'autre partie. Et c'est d'ailleurs cette remarque qui nous avait conduit à conclure, dans le chapitre II, que la protection des importations constituait simultanément une protection des exportations. Nous envisagions alors uniquement l'échange de produits contre d'autres produits, alors que nous introduisons maintenant la possibilité d'échanger des produits contre des actifs financiers ou des monnaies[1]. Il est donc faux de penser que l'on peut, par exemple, diminuer les importations de marchandises sans diminuer simultanément les exportations de marchandises ou sans modifier un autre poste de la balance des paiements (c'est-à-dire diminuer les ventes d'actifs financiers ou de monnaie ou en augmenter les achats).

Supposons d'abord, pour simplifier le raisonnement, que la monnaie n'existe pas, mais qu'il y a des actifs financiers (obligations, actions, créances diverses). Les flux internationaux d'actifs financiers sont la contrepartie des flux commerciaux : si, par exemple, il y a un déficit commercial – c'est-à-dire que les ventes de marchandises sont inférieures aux achats –, il y a nécessairement un surplus dans la balance des actifs financiers (les ventes d'actifs sont supérieures aux achats) ; on vend donc des actifs financiers contre des marchandises. Or, les actifs financiers représentent des marchandises futures puisqu'ils constituent des droits sur des ressources futures. Le déficit commercial représente donc un achat de marchandises actuelles contre vente de marchandises futures. Cet échange n'a lieu que dans la mesure où l'appréciation du temps est différente dans le pays et dans le reste du monde : les habitants du pays qui a un déficit commercial donnent une valeur relativement plus grande au présent, ils s'engagent à renoncer à des ressources dans le futur, pour pouvoir en obtenir immédiatement. Si, par exemple, il existe d'importantes occasions d'investis-

1. Au cours du chapitre II, nous avons introduit la monnaie, mais essentiellement comme un numéraire utilisable pour libeller les prix. Nous la considérons maintenant de manière plus explicite comme un bien qui peut être désiré pour lui-même, du fait des services qu'il rend. Sur l'analyse du rôle de la monnaie, on pourra se reporter à notre ouvrage déjà cité, *Macroéconomie,* Paris, PUF, 1991.

sement dans un pays et un taux d'épargne relativement faible (par rapport au reste du monde), il sera tout à fait normal que ce pays ait un déficit commercial et, simultanément, un surplus dans sa balance des actifs financiers. Les politiques visant à diminuer le déficit commercial ne peuvent alors pas réussir, dans la mesure où elles n'affectent pas les préférences pour le temps qui expliquent cette structure de balance des paiements. Ainsi, des droits de douane ou des quotas sur les importations ou des subventions aux exportations n'ont strictement aucun effet sur le déficit commercial. En diminuant les importations, on diminue aussi les exportations, sans modifier le choix entre le présent et le futur qu'implique l'échange de biens actuels (déficit commercial) contre des biens futurs (actifs financiers). L'erreur intellectuelle que commettent tous ceux qui pensent que l'on peut « corriger » un déficit commercial en agissant sur les importations (ou sur les exportations) tient au fait qu'ils oublient qu'une transaction a toujours deux faces : une face achat et une face vente. En agissant sur l'une on agit nécessairement sur l'autre.

Supposons maintenant que les monnaies existent et qu'elles sont échangées internationalement. Il se peut que les habitants d'un pays ne soient ni acheteurs ni vendeurs de monnaie au cours d'une période – si ce n'est de manière transitoire, la monnaie servant d'intermédiaire dans les échanges. Le solde de la balance commerciale correspond alors, comme ci-dessus, au solde de la balance des actifs financiers (et le solde de la balance monétaire est égal à zéro). Mais supposons que l'on soit en régime de changes fixes – c'est-à-dire que les différentes monnaies peuvent être considérées comme équivalentes – et que la création de monnaie soit trop abondante dans un pays. L'excès de monnaie tend alors à sortir de ce pays et il y a ce que l'on appelle, selon une terminologie contestable, un « déficit de balance des paiements » : les ventes de monnaie ont pour contrepartie, par exemple, des achats de marchandises. Or, le problème en cause n'est pas un problème (extérieur) de balance des paiements, mais un problème (intérieur) d'excès de création monétaire. Ce n'est pas un « excès », plus ou moins inexplicable, d'achats de marchandises qui provoque un déficit de balance commerciale et, donc, un « déficit de balance des paiements » (c'est-à-dire des ventes de monnaie). C'est un excès de création monétaire qui provoque des sorties de monnaie et, en contrepartie, des entrées de produits. Ce n'est pas en prétendant raréfier les entrées de produits que l'on mettra fin aux excès de création monétaire.

Par conséquent, les politiques qui essaient d'influencer la balance commerciale et de supprimer le déficit commercial ne peuvent pas réussir dans la mesure où elles ne modifient pas les causes de ce déficit, c'est-à-dire l'excès de création monétaire ou les préférences relatives pour le présent. L'argument de la balance des paiements en faveur du protectionnisme n'est donc pas recevable.

On peut considérer que le contrôle des changes constitue une modalité de protectionnisme, tout au moins si l'on admet une conception large du protectionnisme. Le contrôle des changes peut en effet se définir comme une politique visant à interdire, limiter ou soumettre à autorisation tout ou partie des transactions internationales effectuées par les agents économiques d'un pays. Le protectionnisme, pour sa part, est souvent défini comme l'ensemble des mesures visant à limiter ou à interdire les achats de *marchandises* étrangères. Dans la mesure où le contrôle des changes vise à affecter les transactions, qu'il s'agisse de marchandises, d'actifs financiers ou de monnaies, on peut donc considérer qu'il s'agit d'une simple extension du concept traditionnel de protectionnisme. Et il peut d'ailleurs s'analyser exactement de la même manière. Supposons ainsi qu'il existe des restrictions aux échanges internationaux d'actifs financiers dans un pays. Dans la mesure où ces échanges sont la contrepartie d'échanges de marchandises ou de monnaies, ces derniers en sont nécessairement affectés.

Prenons par exemple le cas où des achats (importations) d'actifs financiers ont pour contrepartie des ventes (exportations) de marchandises. Si l'on restreint les achats d'actifs étrangers, on réduit nécessairement et simultanément les ventes de marchandises. De manière générale, on ne peut pas influencer un poste de la balance des paiements sans en influencer un autre. Mais on n'a généralement pas le moyen de savoir quels postes sont ainsi affectés parce qu'on ne connaît jamais les raisons pour lesquelles telle ou telle transaction a lieu. Plus généralement, et contrairement à l'opinion courante, on peut dire qu'*il n'existe jamais de problème de balance des paiements*. Le protectionnisme et le contrôle des changes ne peuvent donc pas être justifiés pour des motifs de balance des paiements.

V. – **La défense de l'emploi**

L'argument de la défense de l'emploi peut prendre deux formes :

- une forme générale consistant à souligner que la production – donc l'emploi – est d'autant plus grande qu'un pays vend plus (ou achète moins) ;

– un argument sectoriel consistant à dire que la concurrence étrangère risque de limiter la production de tel ou tel secteur et même peut-être de le conduire à la faillite, ce qui provoquerait du chômage.

Prenons tout d'abord l'argument *« sectoriel ».* Il consiste à dire que, pour le taux de salaire existant, le secteur pour lequel on revendique une protection particulière n'est pas « concurrentiel ». Or, la protection consiste, comme nous l'avons vu, à déplacer des ressources vers le secteur protégé. Il se peut alors qu'il absorbe des ressources ayant plus de valeur que ce qu'il produit.

Le but de tout individu – qu'il soit entrepreneur ou chef de famille – consiste à utiliser le mieux possible les ressources dont il dispose. Ainsi, l'entrepreneur ne cherchera pas à maximiser le nombre de ses employés, mais à utiliser chacun d'entre eux le mieux possible. L'idée selon laquelle il faut « préserver l'emploi » dans un secteur ou une activité particulière va exactement à l'encontre. Et si elle était appliquée de manière généralisée dans tous les secteurs, c'est tout le progrès économique – dont tous bénéficient – qui en serait affecté. En protégeant un secteur, sous prétexte d'y protéger l'emploi, on détruit les signaux de prix qui permettraient, peu à peu, à ce secteur de s'adapter : en l'absence de protection, les entrepreneurs adopteraient des techniques différentes pour concurrencer les producteurs étrangers, ou bien certains salariés quitteraient ce secteur pour aller vers un autre, plus compétitif. Cette adaptation graduelle à l'évolution de l'environnement fait partie intégrante de la vie économique. À chacun revient le rôle de prévoir le futur et, de ce point de vue, l'évolution des prix est un guide irremplaçable. Certes, la prévision n'est jamais parfaite, mais on ne l'améliore pas en cachant les signaux de prix.

Or, lorsque la protection a été acquise, il devient de plus en plus difficile de la supprimer : au lieu de l'adaptation graduelle qui se serait produite dans une situation de libre-échange, on est confronté au risque d'un choc profond, lorsqu'une activité a été protégée depuis longtemps et qu'on évoque la possibilité de la soumettre à la concurrence extérieure. L'inadaptation des structures productives au monde extérieur – du fait de la protection – risque en effet de créer un important chômage dans le secteur concerné, au moins momentanément. Et ce risque est alors invoqué pour obtenir le maintien ou même le renforcement de la protection.

L'argument *« global »* de la défense de l'emploi par la protection se présente à peu près de la manière suivante : si l'on protège les « producteurs nationaux » contre la concurrence extérieure, on va limiter les importations et, donc, susciter un excédent commercial (ou, tout au moins, limiter le déficit commercial). Or, plus les exportations sont importantes par rapport aux importations, plus est forte la demande qui s'adresse à la production nationale ; plus cette production peut ainsi être importante et plus, par conséquent, l'emploi est élevé.

Il y a donc deux éléments dans cette argumentation traditionnelle :

- une relation entre le protectionnisme et la balance commerciale ;
- une relation entre la balance commerciale et l'emploi.

Ces deux parties de l'argumentation traditionnelle sont fausses. Nous savons déjà, en effet, qu'il n'y a aucune raison pour que les obstacles mis aux importations se traduisent par une diminution du déficit commercial ou par l'apparition d'un excédent. Il n'est donc pas nécessaire de revenir sur cette partie de l'argumentation.

En détruisant une partie de la chaîne de raisonnement, on détruit évidemment l'ensemble de ce raisonnement, et cette première remarque suffit donc pour rejeter l'argument de l'emploi sous son aspect « global ». Mais on pourrait montrer que la deuxième partie du raisonnement est également erronée. Nous ne le ferons pas dans le cadre limité du présent texte[1]. Il suffira peut-être, cependant, de poser la question suivante : Comment se fait-il que les producteurs nationaux ne produisent pas davantage – et, par conséquent, n'augmentent pas l'emploi – alors que le marché mondial existe et qu'ils pourraient exporter davantage ? Pourquoi faudrait-il, pour augmenter l'activité économique, diminuer autoritairement les importations, alors que la possibilité d'exporter est toujours ouverte ? C'est dire que, si les producteurs ne produisent pas plus, si l'emploi n'est pas plus élevé, c'est pour des raisons – probablement internes – qui n'ont rien à voir avec les échanges extérieurs. Nous savons d'ailleurs qu'une économie où certains secteurs sont protégés de la concurrence extérieure est moins efficace qu'une économie de libre-échange. Comment pourrait-il alors être possible de proposer des salaires aussi élevés à un nombre plus important de gens dans une économie protégée que dans une économie de libre-échange ? Il est clair que l'argument de l'emploi en faveur du protectionnisme bute sur une incohérence logique.

1. Nous renvoyons à nouveau à notre ouvrage, *Macroéconomie*.

VI. – Le prélèvement fiscal et le tarif « optimum »

Les droits de douane sont un impôt et, en tant que tels, ils peuvent jouer le rôle premier de tout impôt, à savoir de transférer des ressources à la puissance publique. Ce rôle fiscal n'est pas négligeable dans certains pays où le système de collecte des impôts est embryonnaire et coûteux par rapport à son rendement. Le recours au prélèvement douanier paraît donc relativement plus justifié. Il conviendrait, cependant, d'effectuer un calcul « coûts-bénéfices » et, donc, de comparer cette solution de financement à d'autres solutions possibles :

- le prélèvement douanier comporte des coûts administratifs, non seulement pour l'administration publique, mais pour les citoyens. Il conviendrait de les comparer au coût administratif de collecte des autres impôts ;
- le poids effectivement supporté par la population du fait de la protection peut être élevé (effet de déspécialisation) et il n'est en général pas connu de manière précise. Ce phénomène d'ignorance et le caractère apparemment indolore de la protection peuvent inciter à biaiser un système fiscal en faveur de l'utilisation des droits de douane, alors même que leurs coûts effectifs pour les citoyens seraient plus élevés que ceux d'autres types de prélèvements fiscaux ;
- en tout état de cause, il conviendrait de séparer l'effet protectionniste de l'effet de prix monétaires. L'effet protectionniste est le résultat de distorsions dans les prix relatifs (soit entre biens différents, soit entre importations et exportations), tandis que l'effet de prix absolus consiste uniquement à modifier le niveau des prix monétaires de *tous les biens*.

Or, supposons que le gouvernement d'un pays impose tout d'un coup des droits de douane à un taux uniforme – 10 %, par exemple – sur toutes les importations (de telle sorte que les échanges « biens importés contre biens exportés » sont taxés à 10 %) et que, à titre de compensation, il réévalue sa monnaie de 10 %. Cela signifie que les prix nationaux sont accrus de 10 %, lorsqu'il y a échange international, du fait des droits de douane, et qu'ils sont simultanément diminués de 10 % du fait de la réévaluation. Les conditions de concurrence entre ce pays et le reste du monde n'en sont donc pas modifiées, mais les échanges internationaux sont taxés par rapport aux échanges intérieurs. Il n'y a donc pas d'effet protectionniste, en ce sens qu'aucune activité n'est privilégiée *par rapport* aux autres, mais il y a un prélèvement fiscal sur les transactions internationales.

Nous avons vu antérieurement (chap. II) que le prélèvement fiscal correspondant au tarif douanier n'était pas nécessairement payé par les habitants du pays qui l'impose, mais qu'une partie pouvait en être répercutée sur les étrangers. Celle-ci sera d'autant plus importante que l'importance relative du pays – au moins pour les biens échangés – sera plus grande.

Prenons en effet, tout d'abord, le cas d'un pays très petit par rapport au reste du monde. Sa politique douanière affectera de manière négligeable les prix relatifs dans le reste du monde et de manière relativement importante les prix intérieurs. Or, c'est l'écart entre les prix avant tarif douanier et les prix après tarif douanier qui permet d'apprécier le poids de l'impôt douanier. Dans cette hypothèse, par conséquent, la quasi-totalité du poids de l'impôt repose sur les nationaux sous forme d'un effet de « déspécialisation ».

Si, par contre, la dimension relative du pays par rapport au reste du monde est grande, la politique douanière se traduira par une variation relativement importante des prix relatifs dans le reste du monde. On peut alors démontrer que, dans certaines circonstances particulières, le transfert fiscal que fait ainsi peser la puissance publique sur les agents économiques étrangers peut être plus grand que le coût de la protection qu'il impose à ses citoyens. C'est ce que l'on appelle le « tarif optimum »[1]. Il faut pour cela que la demande étrangère soit très peu élastique, c'est-à-dire que la quantité demandée d'un bien diminue peu lorsque son prix augmente du fait de la protection et que, par ailleurs, l'offre en soit très élastique, c'est-à-dire que le prix augmente peu, lorsque la quantité offerte augmente.

Le tarif optimum est alors conçu comme un pur instrument de prélèvement fiscal. Il est l'expression même d'un pouvoir de monopole. Comme nous l'avons déjà signalé, dans la théorie traditionnelle du monopole le producteur, censé connaître la courbe de demande, établit le prix qui lui donne le bénéfice maximum : il augmente le prix jusqu'à ce que le gain supplémentaire soit juste compensé par la diminution des ventes. Mais cette théorie du monopole est ici appliquée, comme elle devrait l'être normalement, au comportement de la puissance publique. Par ailleurs,

1. Bien entendu, l'optimum dont il s'agit est un optimum « global » : pour l'ensemble du pays concerné, le gain de ressources obtenu de l'étranger est supérieur à la perte due à l'effet de déspécialisation. Mais il existe aussi des effets de répartition : le gain est en effet essentiellement perçu par l'État et la situation de chaque citoyen dépendra donc de l'utilisation que l'État fera de ces ressources. Or, il se peut qu'un citoyen donné perde beaucoup du fait de l'effet de déspécialisation et qu'il gagne peu ou pas du tout en tant que bénéficiaire de services publics.

étant donné qu'elle est capable d'imposer une discrimination de prix entre l'intérieur et l'extérieur, c'est son pouvoir de prélèvement fiscal à l'égard de l'étranger qui est mis en valeur.

Nous avions vu précédemment que la perte due à la déspécialisation était supérieure au gain obtenu par l'État. L'analyse du tarif optimum n'est aucunement en contradiction avec cette idée. Elle concerne simplement un cas particulier où la perte est plus spécifiquement supportée par les étrangers. Mais cette perte reste toujours supérieure au gain obtenu par l'État protectionniste.

Quelques remarques finales peuvent en outre être faites à propos du tarif optimum :

– Tout d'abord, il existe une asymétrie dans le recours au tarif optimum : un petit pays a relativement beaucoup moins de chances de pouvoir manipuler les droits de douane pour extraire un impôt sur les étrangers. Or, à notre époque, les petits pays pauvres sont souvent relativement plus protectionnistes que les grands pays développés. Est-ce parce que leurs gouvernements cherchent à faire peser l'impôt sur leurs propres citoyens plutôt que sur les étrangers, ou parce que la protection répond à d'autres motifs que le motif fiscal, ceux que nous avons déjà rencontrés ou ceux qu'il nous reste à voir ?

– La recherche d'un tarif optimum serait effectivement possible si l'on avait une connaissance parfaite des caractéristiques des offres et des demandes pour tous les biens et pour tous les pays ; et si, de plus, on avait la connaissance de l'évolution de ces caractéristiques dans le temps. Ce n'est évidemment pas le cas, de telle sorte que le tarif optimum reste bien souvent une possibilité théorique plus que pratique, si ce n'est un simple alibi.

– Enfin, un pays ne peut jamais prétendre être seul à manipuler les taux de protection, et les réactions des autres gouvernements peuvent mettre en péril ce que l'on croyait être une structure tarifaire « optimale ». Nous sommes ainsi conduits à envisager ce que l'on appelle le « tarif de représailles ».

VII. – Le tarif de représailles

Parmi les nombreux arguments protectionnistes, citons enfin ce que l'on appelle le « tarif de représailles » : un pays imposerait des droits de douane pour « répondre » aux barrières douanières que d'autres pays opposent à ses exportations. Cet argument est en fait très souvent invoqué, par exemple, sous la forme suivante : « D'accord, dit-on, l'Union européenne pratique des politiques protectionnistes, mais les États-Unis et le Japon sont protectionnistes et il est donc normal que l'Union européenne se défende. »

Or, les raisonnements que nous avons faits précédemment permettent de donner une première réponse à cet argument. On a vu en effet que – sauf dans le cas extrême où l'on a des raisons de penser que la structure tarifaire est « optimale », au sens où nous l'avons entendu ci-dessus – un droit de douane nuit d'abord aux habitants du pays protectionniste, et cela d'autant plus que le pays est petit par rapport au reste du monde (effet de déspécialisation). En imposant un tarif de représailles, on se nuit donc d'abord à soi-même. En d'autres termes, ce n'est pas parce que les autres font des bêtises que l'on doit en faire également pour se venger d'eux. Supposons, par exemple, qu'un monarque stupide, régnant sur la Gaule, punisse par des peines d'amende ou de prison les producteurs les plus efficaces. Il en résulte évidemment une moindre efficacité de son économie, ce qui nuit d'abord aux habitants de ce pays, mais ce qui nuit aussi aux habitants des autres pays, car les gains de l'échange en sont diminués. Serait-il pour autant justifié que les autres monarques fassent de même et punissent les producteurs les plus efficaces de Germanie ou d'Albion, sous prétexte que cela porterait tort aux habitants de la Gaule ? Ce raisonnement serait absurde. C'est pourtant celui que l'on fait bien souvent en réclamant une protection, sous prétexte que les autres sont protectionnistes.

Cette réponse générale étant faite, on peut tout de même examiner un cas particulier, à savoir celui où le tarif de représailles serait considéré comme la réponse d'un pays (Germanie) à un tarif « optimum » imposé par un autre pays (Gaule). En imposant une certaine structure tarifaire, la Gaule prélève des ressources sur les habitants de la Germanie. Faute de pouvoir directement influencer la puissance publique gauloise, les autorités de la Germanie imposent alors un tarif douanier qui soit « optimum », compte tenu de l'existence du tarif douanier de la Gaule : les Germains récupèrent donc une partie de l'impôt qu'ils payaient à la Gaule, peut-être avec l'espoir que la Gaule renoncera à une politique tarifaire qui est moins ou pas du tout « rentable ». Il se pourrait même que la simple perspective que la Germanie puisse imposer un tarif de représailles conduise l'État gaulois à renoncer à son projet d'impôt optimum.

Mais une autre séquence d'événements est également possible, à savoir que les autorités publiques concernées se lancent dans une guerre de tarifs, un tarif de représailles répondant à un autre, jusqu'à ce que, éventuellement, tout échange disparaisse : tous seraient perdants dans ce jeu où chacun aurait voulu obtenir le maximum en tenant compte de ce qui avait été antérieurement fait par l'autre. L'échange international ayant disparu, les gains de l'échange auraient également disparu, tout comme les recettes douanières. Mieux vaut alors recourir à la négociation. Nous l'évoquerons au chapitre VI.

Chapitre V

LE RÔLE DES PROCESSUS POLITIQUES

Les avantages du libre-échange sont tellement évidents qu'on est conduit à se demander pour quelles raisons le protectionnisme est si largement répandu. Or, il résulte nécessairement de décisions explicites des hommes de l'État, et c'est donc sur leurs motivations qu'il faut s'interroger : pourquoi introduisent-ils des mesures dont on peut démontrer qu'elles sont nuisibles à l'ensemble de la population ?

Deux raisons seulement peuvent expliquer qu'il en soit ainsi : le protectionnisme résulte ou bien de la poursuite d'intérêts personnels de certains hommes (aux dépens des intérêts des autres), ou bien de leur ignorance (ou bien des deux...). L'ignorance joue évidemment son rôle, et il suffit pour s'en persuader de reconnaître avec quelle facilité on fait admettre l'argument de l'industrie dans l'enfance (examiné au chapitre IV). Mais l'ignorance, soit de ceux qui décident, soit de l'opinion, ne joue peut-être qu'un rôle secondaire. Elle permet essentiellement de faire admettre plus facilement des décisions qui visent en fait à protéger des intérêts particuliers. C'est ce facteur que nous allons examiner.

I. – **Le jeu des intérêts**

De manière très générale on peut dire que le protectionnisme est l'expression d'un jeu politique entre des intérêts particuliers qui cherchent à utiliser le monopole de la contrainte dont dispose l'État. Tout pouvoir politique s'appuie en effet plus particulièrement sur certaines catégories de citoyens qui obtiennent de lui des faveurs. Le protectionnisme est un moyen de les accorder.

Prenons, à titre d'exemple, une société démocratique dans laquelle un « clan » particulier (parti politique, coalition électorale) a besoin de la majorité des voix pour obtenir le pouvoir et pour le conserver. Tout le jeu politique consiste à obtenir l'appui des différentes catégories d'électeurs en tenant compte de leurs intérêts particuliers. D'un côté, on obtient des voix aux élections en accordant des privilèges (sous forme de subventions, de législations, de protections, etc.). D'un autre côté, on risque d'en perdre en faisant supporter à certains le poids des mesures en question : en effet, rien ne peut être obtenu sans effort et, si des citoyens obtiennent des faveurs de l'État, c'est sur les citoyens – les mêmes ou d'autres – qu'il faudra trouver les ressources correspondantes.

Le problème que les hommes politiques ont à résoudre est donc simple à formuler : comment maximiser la probabilité de gain aux élections en distribuant des faveurs, tout en minimisant le mécontentement de ceux qui supportent le coût effectif de ces mesures[1] ? De ce point de vue, il est préférable de donner des avantages bien ciblés et bien perceptibles afin que les bénéficiaires soient conscients de ce que le pouvoir politique leur apporte et,

1. Pour un système non électif, le risque couru par les détenteurs du pouvoir n'est évidemment pas le risque de ne pas être réélu, mais, par exemple, le risque d'une révolution.

par contre, de rendre le prélèvement correspondant le moins visible possible, le moins douloureux possible pour les électeurs.

Pour minimiser le risque politique dû au mécontentement de ceux qui paient les mesures publiques, les hommes de l'État peuvent choisir entre deux techniques :

- faire payer un très petit nombre de gens qui leur seront évidemment hostiles, mais, étant donné que chaque électeur ne dispose que d'une voix dans les régimes démocratiques modernes, quelle que soit sa contribution, la perte de voix aux élections est limitée ;
- faire payer un très grand nombre de gens de telle sorte que l'introduction d'une mesure nouvelle en faveur d'une catégorie bien particulière d'électeurs – par exemple, les entrepreneurs et les salariés d'une branche d'activité – ne se traduise que par une augmentation pratiquement négligeable de la charge supportée par tous les autres. L'effet politique est renforcé si l'on trouve le moyen de cacher aux électeurs que c'est eux qui paient effectivement la mesure en question.

Ainsi, chaque privilège particulier accordé par les hommes de l'État leur apporte des voix, sans en faire perdre beaucoup. Mais au fur et à mesure que les privilèges s'accumulent, la charge fiscale – directe ou indirecte[1] – s'accumule également. Elle reste cependant politiquement supportable, d'une part si elle est très concentrée sur un petit nombre de contri-

1. C'est-à-dire, par exemple, les impôts futurs qu'il faudra payer pour rembourser la dette publique, ou le coût pour les citoyens d'une réglementation dont nous avons dit au chapitre III qu'elle pouvait être considérée comme un substitut de la fiscalité.

buables[1], d'autre part si elle est cachée, c'est-à-dire que les électeurs n'ont pas la possibilité d'évaluer ce que leur coûte effectivement l'action étatique, non seulement sous forme d'impôts, mais aussi sous forme de réglementations.

II. – Le protectionnisme, fiscalité cachée

De ce point de vue, le protectionnisme est un instrument idéal pour le pouvoir politique. Comme nous l'avons vu en effet, le gain obtenu par les producteurs d'un bien protégé est obtenu aux dépens de ceux qui doivent le payer plus cher du fait de la protection. Pour aider les producteurs en question, l'État pourrait – au lieu de recourir au protectionnisme – prélever un impôt sur les consommateurs de ce bien et en distribuer le montant aux producteurs. Les consommateurs seraient alors très conscients de ce que leur coûte le privilège accordé aux producteurs. Il leur est beaucoup plus difficile d'évaluer ce coût lorsque l'État a recours à la protection, bien que – nous l'avons vu également – le coût qu'ils supportent effectivement soit supérieur au gain obtenu par les producteurs. Autrement dit, le recours au protectionnisme constitue une méthode de transfert coûteuse, mais elle est mieux acceptée que d'autres par les citoyens, car il leur est plus difficile d'en apprécier le coût.

En effet, lorsqu'un individu achète un bien dont les producteurs sont protégés (par exemple, par un droit de douane), il ne sait peut-être même pas que ce bien

1. C'est ce rôle politique que joue l'impôt progressif : une grande partie de la charge fiscale est concentrée sur une petite partie des électeurs. Sur ce sujet, on peut se reporter à notre ouvrage, *L'arbitraire fiscal,* Paris, Robert Laffont, 1985 (2e éd., Paris-Genève, Slatkine, 1996).

est protégé. Il constate que ce bien est vendu à un certain prix et il pense que tel est « le » prix de ce bien. En tout état de cause, il est en général trop coûteux pour un consommateur de s'informer sur le prix auquel il pourrait obtenir ce même bien à l'étranger, et donc dans son pays, s'il n'était pas protégé. Et comme, de toute façon, la protection existe, la recherche de cette information par un consommateur particulier n'a aucun intérêt pour lui.

On rencontre ici une asymétrie caractéristique du fonctionnement du « marché politique » : un producteur particulier ou un groupe de producteurs[1] particuliers ont tout intérêt à consacrer du temps et de l'argent à essayer d'obtenir une protection publique de leurs activités. Dans la mesure où ils constituent un groupe relativement restreint, chacun d'eux obtiendra une part appréciable du gain protectionniste, ce qui rémunère leurs efforts. La situation est diamétralement opposée en ce qui concerne les victimes de la protection, c'est-à-dire les acheteurs d'un bien protégé : si l'un d'entre eux voulait exercer une pression sur la puissance publique pour éviter cette protection, il devrait supporter les coûts de cette action, alors même qu'il n'en retirerait qu'un gain très marginal. Si, par exemple, un individu partait en guerre contre la protection dont bénéficient les producteurs d'automobiles dans son pays, le gain éventuel qu'il en retirerait lorsqu'il achètera une automobile sera très inférieur à ce que lui aura coûté cette campagne pour qu'elle soit victorieuse. Et tous ceux qui n'auront rien

1. Par « producteur », nous entendons aussi bien les salariés que les propriétaires d'une entreprise. Au moyen de la protection, les propriétaires désirent accroître leurs profits ou éviter la faillite, les salariés désirent maintenir des salaires plus élevés ou éviter la perte de leur emploi.

fait pour lutter contre cette protection en seront tout autant bénéficiaires[1].

Nous venons donc de voir que, dans le domaine de la protection, l'information est difficile à obtenir et que, par ailleurs, les citoyens sont peu incités à la rechercher et à l'utiliser. Mais il y a plus : l'information est si difficile à obtenir que même des victimes du protectionnisme peuvent croire qu'elles en sont bénéficiaires, ce qui ôte évidemment toute tentation de lutter contre lui. Nous avons vu en effet au chapitre III que les taux de protection apparents, par exemple les taux officiels des droits de douane, étaient de mauvais indicateurs du caractère protectionniste d'une politique. Seuls les taux de protection *effectifs* pourraient donner une évaluation correcte du degré de protection. Il se peut, par conséquent, que des producteurs supportent une protection négative, alors même qu'ils croient bénéficier d'une protection positive, du fait que les importations concurrentes de leurs productions supportent des droits de douane.

Or, les calculs des taux de protection effective sont toujours approximatifs : pour les évaluer correctement, il faudrait avoir une connaissance parfaite de toutes les caractéristiques des systèmes productifs. Au demeurant, même imparfaits, ces calculs sont si complexes et coûteux qu'ils ne sont évidemment pas à la portée d'un consommateur ou d'un producteur particulier. Les structures tarifaires et réglementaires sont

1. Cette asymétrie dans l'action collective a été mise en valeur par Mancur Olson, en particulier dans son ouvrage *The Logic of Collective Action,* Harvard University Press, 1966 (traduction française par Mario Levi, *Logique de l'action collective,* Paris, PUF, 1978). Mais l'analyse de ce que l'on appelle couramment le « marché politique » a été essentiellement initiée par les fondateurs de l'« école des choix publics », James Buchanan et Gordon Tullock.

en général si compliquées que, finalement, personne ne sait qui paie quoi du fait du système protectionniste. Il en résulte que chacun a intérêt à chercher une protection particulière pour lui-même et que personne n'a intérêt à combattre la politique protectionniste.

L'ignorance – déjà évoquée – renforce ces phénomènes. Elle permet même d'obtenir l'assentiment des victimes. Il suffit pour cela d'invoquer certains des arguments protectionnistes traditionnels que nous avons discutés dans le chapitre IV. On prétendra ainsi qu'il faut défendre l' « industrie nationale » menacée par les étrangers, qu'il faut se protéger de la « concurrence déloyale » des pays à bas salaires, etc. Ces arguments sont favorablement perçus parce que presque tout le monde pense qu'il est possible de donner un avantage à certains sans que d'autres en supportent le coût. Il est, de ce point de vue, caractéristique que les mouvements de défense des consommateurs préfèrent s'occuper des qualités respectives des poudres à laver que de se lancer dans une bataille contre le protectionnisme dont l'utilité pour les consommateurs serait d'une tout autre ampleur.

Ces raisons expliquent pourquoi les hommes de l'État sont fortement incités à pratiquer le protectionnisme. Et l'on pourrait même ajouter que, dans le cas où l'État perçoit des droits de douane, il trouve ainsi des ressources supplémentaires à utiliser, ce qui l'aide à gagner des voix aux élections. Rappelons aussi que, dans le cas où il existe des quotas d'importations et que des licences d'importation sont attribuées à des importateurs, certains hommes politiques et bureaucrates peuvent ainsi trouver l'occasion de recevoir des « pots-de-vin ». Ils sont alors fortement incités à maintenir et à développer le système protectionniste. Ils seront prêts à utiliser abondamment comme alibis les arguments protectionnistes que leur fournissent des pseudo-experts – « la promotion de l'industrie nationale », la « défense des activités porteuses d'avenir », la « recherche de l'indépendance », la « reconquête des marchés intérieurs », le « développement autocentré » –, tous arguments d'essence nationaliste qui sont en fait au service d'intérêts étroitement particuliers. Il n'est alors même plus question de blâmer l'ignorance des hommes de l'État au sujet des avantages du libre-échange : ils ont *intérêt* à être *ignorants*.

On arrive donc à une situation tout à fait surprenante : une seule chose est connue avec certitude, sans qu'il soit besoin de faire de longues analyses et de longs calculs, à savoir que le protectionnisme implique nécessairement un gaspillage de ressources. On sait aussi qu'il y a des gagnants et des perdants, mais on ne sait pas bien qui sont les gagnants et qui sont les perdants. Il existe donc une perte globale certaine pour un résultat aléatoire du point de vue de la répartition des gains et des pertes ! Il peut donc paraître aberrant que des mécanismes aussi absurdes soient aussi généralisés. Pourtant, l'analyse des processus politiques aide à comprendre pourquoi le protectionnisme existe.

III. – Les groupes de pression

Les analyses ci-dessus permettent de mieux comprendre le caractère arbitraire de la plupart des politiques protectionnistes : pourquoi tel bien est-il protégé par des droits de douane de 20 % et tel autre par des droits de douane de 10 % ? La réponse réside probablement dans les différences d'efficacité des groupes de pression intéressés et dans l'inégale volonté des pouvoirs publics de répondre à leurs demandes.

Dans les systèmes politiques de notre époque, en effet, tout producteur a le choix entre deux utilisations possibles de son temps et de ses ressources : conquérir des marchés en améliorant ses produits et en diminuant les coûts de production ou obtenir des privilèges d'origine étatique. Son choix effectif dépendra, d'une part, du coût relatif de chaque type d'action et, d'autre part, de leur rendement relatif et des risques relatifs de succès ou d'échec. Plus l'intérêt à défendre est diffus, moins il y a de chances que les producteurs s'organisent en groupes de pression protectionnistes. Plus il est concentré, plus ils sont incités à s'organiser car chacun retire un bénéfice relativement plus grand des efforts qu'il aura faits en faveur de l'action collective. Mais encore faut-il que cette action de *lobbying* trouve une oreille attentive auprès des pouvoirs publics : cela sera d'autant plus vrai que le privilège accordé sous forme de protection sera plus facilement perçu et sera politiquement rentable pour les hommes politiques, sous forme de gains de voix aux élections.

Pour préciser ces idées, imaginons ce qui peut se passer dans deux secteurs d'activité d'importance comparable et occupant chacun 100 000 personnes dans un pays. Le premier secteur – par exemple, l'industrie automobile – est composé de deux firmes employant chacune 50 000 personnes (qui sont pratiquement toutes des salariés). Le deuxième secteur – par exemple, l'artisanat en bijouterie – est composé de 25 000 firmes (donc d'au moins 25 000 propriétaires d'entreprises). L'organisation syndicale est évidemment plus facile dans une très grande entreprise où les contacts entre salariés sont quotidiens et l'on peut donc imaginer que la syndicalisation sera relativement poussée dans le secteur automobile, contrairement au secteur de la bijouterie. Ainsi, dans chacune des deux firmes automobiles, il existera un syndicat (ou un petit nombre de syndicats). Il sera facile et rentable pour les syndicats en question et pour les propriétaires des firmes automobiles de faire pression en commun pour obtenir une protection contre la concurrence étrangère. Par contre, l'organisation en groupes de pression sera plus difficile dans le secteur de la bijouterie. Dans les deux cas, le nombre d'électeurs en cause est le même et, de ce point de vue, les hommes politiques auraient les mêmes incitations à accorder une protection. Mais les pressions qu'ils subissent sont différentes.

Prenons maintenant le cas d'un secteur très spécifique, composé uniquement de deux firmes, mais qui sont toutes deux de faible dimension. L'incitation de leurs propriétaires et salariés à obtenir une protection est forte, mais l'incitation des hommes politiques à les écouter et à les protéger est faible.

Mais supposons même qu'une protection identique ait finalement été accordée aux deux premiers secteurs, l'automobile et la bijouterie, et supposons, par exemple, que des négociations commerciales soient en cours pour diminuer le taux de protection. La puissance publique sera plus attentive aux pressions de l'activité très concentrée. En effet, si la diminution de la protection risque de conduire une firme à la faillite, cela se voit d'autant plus que la firme est plus grande, et les hommes politiques désirent éviter cette image négative pour eux. On dira alors qu'il s'agit là d'un « secteur sensible » auquel on ne peut pas imposer un « désarmement douanier ».

Cela peut expliquer pourquoi l'industrie automobile française, par exemple, a pu bénéficier d'une protection exceptionnelle vis-à-vis de ses concurrents les plus efficaces, les producteurs japonais, puisque des quotas d'importations limitant les importations d'origine japonaise à 3 % du marché national ont existé très longtemps, avant que des mesures protectionnistes ne soient établies au niveau communautaire. Bien sûr, lorsqu'un privilège exorbitant de ce type est accordé à une telle industrie, on le justifie par le fait qu'il lui faut un certain temps pour s'adapter à la concurrence étrangère. Mais l'expérience prouve bien que, à l'abri d'une protection forte, les incitations d'une industrie à s'adapter sont atténuées. Elle réclame donc la prolongation de cette protection pour une longue période. L'ancienneté même de la protection permet aux intérêts particuliers de mieux s'organiser, de développer leur argumentation, de trouver des complicités bureaucratiques et politiques.

De manière générale, si l'on tient compte du rôle crucial des intérêts organisés dans le développement du protectionnisme, un argument comme l'argument de l'industrie dans l'enfance paraît dérisoire. Il impliquerait normalement, en effet, que la protection soit provisoire puisqu'on prétend qu'elle est accordée à une activité nouvelle qui devrait devenir rentable ultérieurement sans recours à la protection. Mais les mesures protectionnistes elles-mêmes renforcent les groupes de pression et transforment une protection prétendument provisoire en une protection définitive, conduisant donc à perpétuer les prélèvements effectués sur les victimes du protectionnisme.

Le rôle des groupes de pression est invoqué par Mancur Olson[1] pour expliquer, entre autres, le phéno-

1. Mancur Olson, Le traitement de l'agriculture dans les pays développés et en développement, *Journal de développement économique,* décembre 1988. Voir aussi son livre, *The Rise and Decline of Nations,* Yale University Press, 1982 ; traduction française par Jean Gières et Dimitri Litvine, *Grandeur et décadence des nations,* Paris, Bonnel, 1983.

mène suivant : l'agriculture est relativement protégée dans les pays riches et relativement sacrifiée dans les pays pauvres. Cela peut paraître étrange, compte tenu du fait que les pays riches sont probablement des pays industrialisés et que, par ailleurs, la paysannerie constitue une catégorie relativement importante dans les pays pauvres. Mais, précisément, c'est l'inégale aptitude des uns et des autres à s'organiser et à agir sur le marché politique qui explique cette situation. Comme l'indique Mancur Olson, « avant leur rapide industrialisation lors des années 1960, la Corée du Sud et Taiwan avaient des taux de protection nominale négatifs pour leur secteur agricole, mais aujourd'hui ils offrent un niveau très élevé de protection à ce secteur ».

Dans un pays pauvre, où les communications sont difficiles, les agriculteurs nombreux et dispersés, aucun ne trouve intérêt à se lancer dans l'action collective. Par contre, les activités urbaines en développement, proches du pouvoir, aptes à influencer les mouvements politiques, obtiennent des faveurs particulières. Dans les pays riches, au contraire, les agriculteurs sont beaucoup moins nombreux et ils entrent plus facilement en relation les uns avec les autres du fait de l'enrichissement général et du progrès des transports. Par ailleurs, l'ancienneté de leurs organisations collectives, l'expérience qu'elles ont accumulée, la stabilité de leurs réseaux politiques, leur donnent de l'efficacité. Et la puissance publique est relativement plus disposée à leur donner satisfaction parce que leur importance relative est moindre et la protection est donc relativement moins coûteuse.

Chapitre VI

LA LIBÉRALISATION DES ÉCHANGES

Nous avons étudié dans le chapitre précédent le processus politique qui conduit au protectionnisme. On pourrait en déduire que les politiques protectionnistes ne peuvent que se renforcer avec le temps. En effet, une protection accordée dans le passé a tendance à se perpétuer, d'une part parce que les groupes de pression ont le temps de s'organiser, d'autre part parce que les hommes de l'État n'ont pas d'incitation particulière à supprimer la protection dont bénéficie un bien particulier : ils mécontentent les producteurs correspondants et, ce produit ne représentant probablement qu'une part réduite de leurs besoins, le gain que peuvent tirer les consommateurs de cette libéralisation est probablement trop marginal pour attirer leur sympathie électorale.

I. – La libéralisation unilatérale

La croissance de la protection n'en est pas, cependant, inéluctable. Elle dépend, en particulier, des convictions plus ou moins libre-échangistes des hommes politiques au pouvoir et donc, en dernière analyse, de l'état de l'opinion publique. On peut imaginer que les citoyens soient de plus en plus conscients du coût que la protection a pour eux (en comparant, par exemple, les prix de certains produits lors de leurs voyages à l'étranger) ou bien que, pour une raison ou pour une autre, un gouvernement plus favorable au libre-échange vienne au pouvoir.

Une politique de libéralisation commerciale est toujours difficile pour des raisons symétriques de celles qui expliquent la croissance de la protection : si cette politique est graduelle, ceux qui sont les premiers à perdre leur protection subissent une perte nette. De ce point de vue, une politique « brutale » est préférable : en effet, ceux dont la protection disparaît trouvent tout de même une compensation dans le fait que la protection des autres disparaît simultanément. S'ils perdent en tant que producteurs, ils gagnent en tant que clients d'activités devenues moins protégées. Mais, par ailleurs, un démantèlement très rapide de la protection, surtout si les effets protectionnistes étaient nombreux et importants, signifie des changements brutaux de la structure des prix relatifs. Certaines activités apparaissent soudain comme non rentables et font éventuellement faillite, d'autres au contraire deviennent extrêmement profitables. Peu à peu, bien sûr, les facteurs de production se déplaceront des premières vers les secondes, les producteurs feront des efforts d'adaptation dans les activités les moins rentables. Mais ces changements sont forcément coûteux pour ceux qui les subissent. Ils peuvent être politiquement difficiles à supporter. Dans un certain nombre de pays, en particulier en Amérique latine, des politiques de libéralisation commerciale rapides ont pu cependant être décidées et réussir au cours des années récentes.

Il faut en tout cas rappeler que la protection nuit d'abord aux habitants du pays qui pratique cette politique et d'autant plus qu'il est plus petit. Et de même qu'il n'est pas justifié de devenir protectionniste sous prétexte que d'autres pays le sont, il n'est pas nécessaire d'attendre que ces autres pays adoptent des politiques de libéralisation commerciale pour faire de même. À tout moment, tout pays peut libéraliser son commerce extérieur et en percevoir les gains correspondants.

II. – Les accords commerciaux

Pratiquement tous les citoyens gagnent, à plus ou moins long terme, du fait de la libéralisation douanière. Mais il existe des coûts d'ajustement de court terme. Or, de manière générale, l'horizon de décision des hommes de l'État est relativement court, puisqu'il s'agit, par exemple, de la date de la prochaine élection. Ils ne sont donc pas particulièrement incités à adopter une politique de libéralisation des échanges, même si celle-ci doit être profitable à long terme : il n'est pas sûr que les citoyens perçoivent parfaitement le gain ultérieur qu'ils peuvent retirer de la libéralisation, mais ceux qui perdent leur situation protégée risquent de devenir hostiles au pouvoir politique. Un calcul de coûts-bénéfices de la part des hommes politiques les conduit donc logiquement à maintenir – ou même à renforcer – la politique protectionniste. Pour que la libéralisation soit politiquement décidée, il faut donc que le système d'incitations des hommes politiques soit différent.

C'est de ce point de vue que les négociations commerciales peuvent être utiles. Si elles aboutissent à un accord en bonne et due forme, la libéralisation des importations d'un pays est accompagnée de la libéralisation simultanée des importations d'un autre pays (accords bilatéraux) ou de plusieurs autres pays (accords multilatéraux).

En entrant dans un processus de négociations commerciales en vue d'une libéralisation réciproque des échanges, les hommes au pouvoir dans un pays espèrent donc obtenir des gains spécifiques pour certaines catégories de producteurs-électeurs, sous forme de débouchés élargis à l'extérieur. Certes, ceux qui perdent à court terme du fait de la moindre protection des activités concurrentes d'importations ne sont probablement pas les mêmes que ceux qui gagnent du fait de la libéralisation décidée à l'extérieur. Mais, du point de vue des calculs électoraux, le moindre soutien éventuel de ceux qui perdent à court terme est plus ou moins compensé par le soutien accru de ceux qui gagnent à court terme.

Comme nous l'avons vu, il n'y a aucune raison théorique d'attendre le désarmement douanier de ses partenaires commerciaux pour décider son propre désarmement douanier. Mais on comprend, cependant, que le fonctionnement du marché politique rende les processus de libéralisation bilatérale ou multilatérale plus attirants pour les hommes de l'État qu'une libéralisation décidée de manière unilatérale. C'est probablement la raison pour laquelle la libéralisation des échanges est essentiellement le résultat de négociations commerciales et non de décisions unilatérales (voir les exemples du chap. VII).

Les négociations commerciales facilitent donc des processus de libéralisation commerciale qui, en tout état de cause, sont souhaitables. Mais elles ont un autre avantage. En effet, à partir du moment où un accord commercial a été signé entre deux (ou un plus grand nombre de) pays, chacun est engagé par cet accord et il ne peut plus, en principe, modifier unilatéralement les mesures protectionnistes. Il est vrai, cependant, qu'il existe des moyens indirects de protéger des activités nationales, comme nous l'avons vu au chapitre III.

Bien entendu, les accords commerciaux peuvent être très variés : ils peuvent porter sur certains produits ou sur la totalité des produits échangés, ils peuvent décider d'une suppression totale des barrières douanières ou d'une simple diminution, ils peuvent porter sur certains types d'obstacles aux échanges et pas sur d'autres, ils peuvent être de durée limitée ou illimitée, etc.

Certains accords comportent une clause particulière, dite *clause de la nation la plus favorisée*. Supposons qu'elle soit introduite dans un accord commercial entre le pays A et le pays B et que le pays A consente de faire passer les droits de douane sur les importations de blé en provenance du pays B d'un taux de 20 % à un taux de 10 %, le taux de 20 % étant maintenu pour les importations en provenance des autres pays. Les négociateurs du pays A auront probablement accepté ce privilège en faveur des producteurs de blé du pays B parce que les négociateurs du pays B auront de leur côté accordé une faveur à certains exportateurs du pays A. Or, imaginons qu'ultérieurement les autorités du pays A signent un accord commercial avec les autorités du pays C par lequel elles suppriment tout droit de douane pour les importations de blé en provenance du pays C. L'avantage précédemment obtenu par les producteurs de blé du pays B – qui avait été un facteur déterminant de la signature de l'accord commercial entre A et B – disparaît ou est atténué. C'est pour se prémunir contre ce risque futur que les autorités du pays B peuvent être conduites à demander l'introduction de la clause de la nation la plus favorisée dans l'accord commercial signé avec les autorités du pays A. Si ces dernières accordent ultérieurement des droits nuls aux exportateurs de blé du pays C, les producteurs de blé du pays B bénéficieront de cette disposition.

L'introduction d'une telle clause a des conséquences importantes pour la libéralisation du commerce international. Elle permet en effet à une libéralisation, acceptée de manière bilatérale, de devenir multilatérale. Si les autorités d'un pays signent successivement un grand nombre d'accords commerciaux comportant cette clause, il peut en résulter une libéralisation très importante de son commerce extérieur. Mais la gestion d'un système de ce type n'est pas simple. En effet, si les échanges d'un pays A sont libéralisés à l'égard des importations de certains pays seulement, il faut s'assurer que les producteurs des autres pays n'exportent pas vers le pays A en passant par l'intermédiaire des pays bénéficiaires de la clause de la nation la plus favorisée. Il faut donc exiger des « certificats d'origine » de la part des exportateurs qui souhaitent bénéficier de la clause en question. Mais que décider lorsqu'un bien a subi une certaine transformation sur le territoire d'un pays bénéficiaire de la clause et qu'une partie des composants de ce bien proviennent de pays non bénéficiaires ? On essaiera alors de contrôler, de déterminer des « coefficients de contenu en importations », etc. C'est dire que ce protectionnisme différencié est un triomphe bureaucratique. Il est générateur de coûts et il brouille les informations.

C'est en partie pour éviter les inconvénients d'une multitude d'accords partiels qu'a été signé en 1947 l'*Accord général sur les tarifs douaniers et le commerce* (GATT, c'est-à-dire *General Agreement on Tariffs and Trade*). Au lieu de s'en remettre à chaque pays pour assurer la libéralisation du commerce extérieur au moyen d'accords bilatéraux (ou multilatéraux limités) et par recours à la clause de la nation la plus favorisée, on a pensé, à juste titre, qu'il était préférable de réunir le plus grand nombre possible de pays pour obtenir simultanément une diminution des barrières douanières de chacun des membres à l'égard de tous les autres.

III. – Les unions douanières

Une union douanière est un espace à l'intérieur duquel les droits de douane – et éventuellement certains obstacles non tarifaires aux échanges – sont supprimés. Il n'y a alors pas de différence entre le marché national et le marché de la zone concernée : tous les habitants de la zone peuvent librement choisir de s'approvisionner ou de vendre dans n'importe quel pays de la zone, sans discrimination de prix. C'est l'efficacité concurrentielle des producteurs qui détermine les échanges dans la zone. On peut analyser une union douanière comme la simple généralisation d'un accord commercial. Elle est généralement – mais pas nécessairement – multilatérale, c'est-à-dire qu'elle réunit plus de deux pays. Elle implique en général la suppression des droits de douane pour la totalité des biens échangés ou, tout au moins, pour la plus grande partie d'entre eux.

En ce qui concerne les rapports commerciaux entre les pays membres de l'union douanière et les pays « extérieurs », il existe deux types de solutions :

– Dans une *zone de libre-échange*, les autorités publiques de chaque pays membre gardent la liberté de fixer les tarifs douaniers (et autres règles) à l'égard des importations en provenance de pays tiers. On rencontre alors à nouveau la difficulté consistant à savoir dans quelle mesure une importation effectuée par un résident de l'un des pays membres provient d'un autre pays membre ou provient indirectement – éventuellement après une transformation plus ou moins importante – d'un pays tiers.

– Dans un *marché commun,* il existe un tarif extérieur commun, c'est-à-dire que les droits de douane sur les biens en provenance des pays tiers sont les mêmes, quel que soit le pays de l'union douanière où l'on importe. La détermination de ce tarif et les négociations éventuelles dont il peut faire l'objet peuvent avoir lieu dans des cadres institutionnels variés : il peut exister des organes centraux, comme cela est le cas pour l'Union européenne, ou l'on peut s'en remettre à des procédures décentralisées, consistant par exemple à ouvrir des négociations entre les autorités des pays membres lorsque le besoin s'en fait sentir. On peut se contenter de prendre comme tarif extérieur commun les moyennes pondérées des tarifs douaniers nationaux avant la création de l'union douanière, ou l'on peut préférer mettre en place un tarif totalement nouveau. Il ne peut en tout cas pas exister de règle « rationnelle » pour déterminer ce tarif extérieur commun, tout simplement parce qu'il n'est jamais possible de définir une structure tarifaire « rationnelle ».

On peut penser qu'une union douanière est toujours souhaitable puisqu'elle constitue un pas dans la direction du libre-échange mondial dont nous savons qu'il serait préférable au protectionnisme. Cependant, cette proposition ne peut pas être considérée comme totalement générale. Il existe en effet ce que l'on appelle des « détournements de trafic ». Pour les comprendre, imaginons qu'il existe trois pays dans le monde, A, B et C. En l'absence de toute union douanière, le pays A impose un droit de douane égal à 50 % sur les importations de blé et, pour ce niveau de tarif, les producteurs du pays C arrivent tout de même à être compétitifs et à exporter vers le pays A, ce qui n'est pas le cas des producteurs du pays B.

Imaginons maintenant qu'une union douanière soit créée entre les pays A et B. Les droits de douane sur les importations de blé sont supprimés lorsqu'elles sont en provenance du pays B, mais pas dans le cas où elles proviennent du pays C. Il se peut alors que les producteurs du pays B soient capables de vendre, sans droits de douane, à un prix inférieur à celui des producteurs du pays C, dont les produits supportent 50 % de droits. Dans ce cas, par conséquent, l'union douanière a pour conséquence que les producteurs du pays C sont supplantés par des producteurs relativement moins efficaces. Il y a donc une moins bonne allocation des facteurs de production à l'échelle du monde. Le coût de l'union douanière est essentiellement supporté par les habitants du pays C, puisque les gains de l'échange international leur sont ainsi moins accessibles.

En ce qui concerne les habitants du pays A, on retrouve les effets habituels de toute libéralisation commerciale : les acheteurs de blé enregistrent évidemment un gain du fait de l'union douanière ; mais certains producteurs risquent de subir la concurrence accrue de producteurs du pays B.

En tout état de cause, le sort des habitants des trois pays dépend aussi, bien entendu, de la structure douanière qui sera par ailleurs décidée par les membres de cette union douanière. C'est ainsi que certains se demandent si l'Union européenne, transformée en « super-État », ne deviendra pas une « forteresse Europe ». Certes, il est plus difficile pour des intérêts particuliers de s'organiser au niveau de l'ensemble européen qu'au niveau de l'un des pays membres. Mais cela n'est pas non plus indispensable pour que l'union douanière développe une politique protectionniste vis-à-vis de l'extérieur : en effet, des intérêts particuliers peuvent fort bien continuer à faire pression au niveau national, comme ils l'ont toujours fait, les gouvernements nationaux négociant entre eux en tant que représentants de ces intérêts particuliers. Chacun peut alors accepter les demandes de protection spécifiques des autres pour faire accepter les siennes propres.

IV. – Le « marché unique »

Existe-t-il une différence entre un « marché commun » et un « marché unique » ? La question est d'un intérêt pratique considérable si l'on se réfère, par exemple, à l'expérience de la Communauté économique européenne, puis de l'Union européenne. On a en effet dit aux Européens qu'ils étaient passés, à partir du 1er janvier 1993, à une nouvelle étape du processus d'intégration économique, à savoir la réalisation d'un marché unique. Quel peut ou quel devrait en être le contenu ?

Considérons tout d'abord les mouvements de marchandises entre les pays de l'union douanière. Nous avons déjà vu au chapitre III que des différences éventuelles dans les taux de TVA entre pays ne pouvaient absolument pas être considérées comme ayant un effet protectionniste, car elles ne modifient pas les prix relatifs pour les biens produits dans un pays et les mêmes biens produits dans un autre pays. Il en va ainsi, que les taux soient les mêmes pour tous les produits dans un même pays ou qu'ils soient différenciés. On en a conclu qu'il n'existait pas de « barrières fiscales » à l'intérieur du marché commun, donc qu'il n'y avait pas de raison d'harmoniser les taux de TVA, et qu'il était indifférent de choisir un système où la TVA est remboursée à l'exportation ou un système où elle ne l'est pas. Si le « marché unique » devait consister à « harmoniser » les taux de TVA et un certain nombre d'autres impôts – sous le prétexte d'éliminer les « barrières fiscales » –, il n'impliquerait aucun changement par rapport au « marché commun » déjà instauré et qui a consisté, lui, à supprimer de véritables barrières fiscales, les barrières douanières. On pourrait donc dire, en ce sens, que le marché unique était déjà réalisé avant même son instauration formelle.

Mais on peut donner un autre contenu au « marché unique » et l'interpréter comme un accord multilatéral par lequel plusieurs pays suppriment *tous* les obstacles aux échanges, qu'il s'agisse des échanges de biens ou des échanges de facteurs de production (mouvements de personnes, mouvements de capitaux, mouvements de règles juridiques, etc.).

Autrement dit, on peut donner à la notion de protectionnisme un sens très extensif, en le définissant comme l'ensemble des mesures d'origine publique consistant à introduire des restrictions dans les relations humaines lorsqu'elles doivent passer au-dessus d'une frontière, alors que ces restrictions n'existent pas à l'intérieur des frontières. Ainsi, les limitations apportées au libre mouvement des personnes – restrictions à l'immigration – constituent une forme particulière de protectionnisme : on protège les travailleurs nationaux de la concurrence des travailleurs étrangers, la culture nationale de la concurrence des cultures étrangères, etc. La diminution de ces formes particulières de protectionnisme – celles qui ne concernent pas les biens et services – peut être considérée comme un objectif pour les pays membres d'une union économique.

On pourrait alors convenir de réserver l'expression « marché unique » à cette catégorie particulière d'union économique (ou de zone de liberté) à l'intérieur de laquelle il existerait non seulement un marché commun des marchandises, mais encore un « marché commun » des capitaux, des travailleurs, des normes juridiques, des monnaies, etc. Ainsi, le « marché unique » n'ajoute rien au « marché commun » des marchandises s'il consiste seulement à harmoniser les fiscalités. Il ajoute quelque chose s'il consiste à alléger ou à supprimer les restrictions que supportent les échanges autres que les échanges de marchandises.

D'une manière générale, en effet, nous avons défini le protectionnisme comme une situation où l'État utilisait son pouvoir monopolistique de contrainte, à l'intérieur des frontières nationales, pour imposer des discriminations à des individus selon que leurs activités étaient réalisées sur le territoire national ou sur un autre territoire. De ce point de vue, on peut dire que le protectionnisme est la marque d'une politique nationaliste. Les droits de douane en sont un exemple typique puisqu'ils ne frappent pas un bien produit dans le pays, mais frappent ce même bien s'il est produit à l'extérieur. Le contrôle des changes entre aussi dans la catégorie du protectionnisme : alors qu'on peut librement vendre et acheter de la monnaie à l'intérieur des frontières nationales, ces échanges sont interdits, limités ou contrôlés lorsqu'ils font intervenir un résident d'un autre pays.

En fait, dans la plupart des pays, il existe une liste considérable de mesures d'inspiration « nationaliste ». Ainsi, le Parlement dispose en général, à notre époque, d'un monopole dans l'élaboration des lois, et personne n'a le droit d' « importer » une loi étrangère (deux résidents français ne peuvent se marier que sous le régime du Droit français). Ne peut-on dire qu'il s'agit là d'une mesure de protectionnisme juridique ?

Le producteur de Droit en France bénéficie d'un monopole absolu pour la production de Droit et il est parfaitement protégé de la concurrence que pourraient lui faire les producteurs de Droit étrangers, dans les cas où ils élaboreraient des règles juridiques plus efficaces et préférées par les citoyens.

On voit donc bien que l'étendue du protectionnisme est considérablement plus grande qu'on ne pouvait le soupçonner à première vue. On voit aussi que les champs ouverts à l'imagination de ceux qui souhaiteraient réaliser un véritable « marché unique » sont pratiquement sans bornes.

Or, il convient d'éviter une erreur intellectuelle fréquente à notre époque, celle qui consiste à penser que « le développement de la concurrence et l'intégration économique impliquent l'harmonisation des conditions de concurrence ». Examinons en effet, à titre de comparaison, ce qui se passe dans le cas où il y a libéralisation des échanges commerciaux. En supprimant, par exemple, les droits de douane sur les marchandises dans le cadre d'une union douanière, les autorités des pays membres ne visent pas à remplacer les producteurs situés sur chacun de leurs territoires par un producteur unique. Ils se contentent, à juste titre, de rétablir une liberté qui avait été supprimée, la liberté d'échanger des produits. C'est ce qui permet la concurrence, c'est ce qui permet l'intégration économique : désormais, la localisation des activités productrices n'affecte pas les choix des demandeurs ou les décisions des producteurs. Comme nous l'avons déjà vu, cette concurrence incite précisément chaque producteur à faire mieux que ses concurrents, à se différencier d'eux. Il serait donc absurde de vouloir « harmoniser les conditions de concurrence » ou les conditions de production, puisque l'échange se justifie précisément par le fait que les conditions de production sont différentes.

Lorsque la liberté des échanges existe, le prix d'un même produit tend, du fait de la concurrence, à être identique dans différents pays (en tenant compte, bien entendu, du taux de change). Mais il se peut fort bien que la structure des coûts ne soit pas la même dans tous les pays. Ainsi, il arrive extrêmement souvent que les producteurs de deux pays soient compétitifs pour un même produit – c'est-à-dire qu'ils proposent leur produit au même prix – alors qu'ils se trouvent dans des conditions de production très différentes. Pour prendre un exemple, un producteur hollandais qui fait pousser des tomates en serre peut concurrencer un producteur espagnol qui bénéficie de l'énergie gratuite du soleil. Et l'on pourrait citer d'innombrables exemples où des salaires plus élevés dans un pays que dans un autre n'empêchent pas un produit d'être compétitif grâce à une technologie plus efficace.

Le libre jeu de la concurrence permet en effet d'arriver à ce résultat que des producteurs placés dans des conditions de production totalement différentes arrivent cependant à produire à des prix comparables ! Cela est possible grâce aux entrepreneurs, qui sont constamment incités à rechercher les meilleures combinaisons productives, compte tenu de leur environnement propre, de manière à être au moins aussi efficaces que leurs concurrents.

Dans ces conditions, il est tout à fait absurde de vouloir « harmoniser les conditions de concurrence », de manière à ce que tous les producteurs d'un pays ou d'une zone géographique quelconque puissent produire exactement dans les mêmes conditions, c'est-à-dire avec exactement la même structure de coûts. Ainsi, il serait absurde de dire que le producteur de tomates hollandais est « défavorisé » par rapport à ses concurrents espagnols et qu'il convient d'« égaliser les conditions d'ensoleillement », par exemple en obligeant les producteurs espagnols à diminuer les heures d'ensoleillement par l'installation de bâches au-dessus de leurs plants de tomates pendant plusieurs heures par jour. C'est pourtant à une absurdité exactement identique qu'aboutissent toutes les propositions visant à « harmoniser les conditions de concurrence ».

Quelle différence peut-il exister, en effet, entre l'harmonisation des conditions d'ensoleillement et l'harmonisation des conditions de transport ou des conditions fiscales ? La fiscalité est en effet un des éléments de l'environnement des entrepreneurs, parmi beaucoup d'autres, et ils doivent s'y adapter comme aux différences de climat, de population ou de Droit des sociétés.

Il existe donc deux conceptions différentes du « marché unique » : l'une qui consiste à penser que le marché commun doit être complété par des politiques communes, des efforts centralisés d'harmonisation, etc. ; l'autre – à laquelle nous nous rallions – qui consiste à penser qu'il suffit de redonner aux hommes, dans le plus grand nombre de domaines possibles, la liberté contractuelle qui leur a été ôtée par des politiques d'inspiration nationaliste.

Que sera le « marché unique » européen dans les années à venir ? Il est difficile de le dire car les deux conceptions ci-dessus semblent s'affronter. Il existe, c'est incontestable, des tendances et des décisions favorisant les mouvements de facteurs de production (hommes et capitaux) et la libre concurrence sur tout le territoire européen. De ce point de vue, on peut se féliciter que le principe de la « reconnaissance mutuelle des normes » ait été accepté pour le moment. Il signifie en effet que les normes de production reconnues dans un pays ne peuvent pas être mises en cause lorsqu'un produit est exporté vers un autre pays de l'Union européenne, et il établit donc une sorte de « marché commun des normes »[1]. Mais il existe aussi, et peut-être davantage, des tendances hostiles à la concurrence au sein de l'Union européenne, comme en témoigne l'élaboration continue de politiques communes ou les efforts en faveur de l'harmonisation fiscale et réglementaire, de même que la mise en place d'une monnaie unique en Europe.

1. Un véritable marché commun des normes impliquerait cependant non seulement qu'un produit puisse être exporté vers un autre pays, alors qu'il est conforme aux normes du premier, mais encore qu'un produit puisse être produit dans un pays en respectant non pas les normes de ce pays, mais celles d'un autre pays de l'Union européenne.

Chapitre VII

REPÈRES HISTORIQUES

Le protectionnisme est l'expression du pouvoir de contrainte de l'État et de son utilisation par des intérêts particuliers que les titulaires de l'État désirent favoriser. Il est donc normal qu'il ait toujours existé, comme l'État. Le présent chapitre ne vise évidemment pas à retracer toute l'histoire du protectionnisme, mais seulement à en rappeler quelques grandes lignes[1].

I. – De l'Antiquité à l'époque moderne

De tout temps, les autorités politiques ont tenté de contrôler le commerce et de protéger l'économie du pays – qui se confondait souvent avec la leur – contre les concurrents étrangers. Rome et la Grèce connaissent déjà les droits de douane[2]. Dans le monde antique, quelques enclaves de liberté se développèrent, dont Athènes avec son fameux port du Pirée, entrepôt de produits du monde entier. Plus tard, les foires médiévales – dont celles, célèbres, de Champagne – jouent un rôle libéralisateur du même ordre[3]. Mais les

1. Je tiens à remercier Pierre Lemieux qui m'a fourni un grand nombre d'éléments du présent chapitre.

2. Georges Lefranc, *Histoire du commerce,* Paris, PUF, 1972, p. 17-18.

3. *Ibid.,* p. 34 sq.

marchands dont les capacités entrepreneuriales rendaient cela possible demeuraient une classe marginale.

Deux facteurs jouaient pour limiter le protectionnisme. Tout d'abord, les autorités politiques avaient peu de moyens pour contrôler les activités de leurs sujets, surtout des marchands. La contrebande florissait donc. Les pouvoirs limités des autorités politiques impliquaient en revanche qu'elles ne pouvaient pas non plus assurer la protection des commerçants. Mais qu'à cela ne tienne : les caravanes et les convois de marchands prirent l'habitude de s'armer, fournissant à l'histoire un exemple d'« anarcho-capitalisme » en action[1]. Ensuite, les Princes réalisèrent qu'ils pouvaient profiter de la prospérité engendrée par le commerce. Ce dernier phénomène prit de l'expansion à la fin du Moyen Âge avec les cités-États de l'Italie.

II. – L'époque moderne

À partir de la Renaissance, deux aspects du tableau changent. Premièrement, si l'unification des territoires diminue le protectionnisme et les autres obstacles au commerce, l'agrandissement du pouvoir des États centraux joue en sens inverse : leur capacité de contrôler le commerce et d'y faire obstacle effectivement va s'accroissant. En deuxième lieu, des justifications « économiques » au protectionnisme se développent : on intervient maintenant au nom de l' « intérêt national ».

Peut-être ce processus s'accompagne-t-il aussi d'un accroissement du pouvoir politique des producteurs

1. *Ibid.*, p. 34-35, 37, 55.

et, surtout, des marchands. Les États leur confient souvent des monopoles dans le commerce extérieur.

En conséquence, le protectionnisme moderne change de visage. Il devient mieux organisé, plus officiel, plus efficace en un certain sens, multiforme en tout cas. Aux droits de douane, qui fournissent toujours aux gouvernements des sources de revenu importantes, se substituent de plus en plus des contingentements ou des interdictions pures et simples, frappant diverses exportations et importations. Le commerce devient un autre aspect de la rivalité et de la guerre interétatique[1].

Le protectionnisme est particulièrement vigoureux en Autriche, mais aussi en France, avec le dirigisme mercantiliste de Colbert. Il règne à peu près partout en Europe : plus mitigé en Angleterre, il y présente quand même les principaux caractères de l'époque. Depuis la fin du XVe siècle, des interdictions frappent les importations d'un grand nombre de produits manufacturés, dont les laines. Au XVIIe siècle, les soieries françaises seront touchées. Sont aussi interdites les exportations de matières premières et de machines, de même que l'émigration des artisans. La reine Elizabeth oblige ses sujets à porter des coiffures de laine fabriquées en Angleterre le dimanche et pour les jours de fête. En 1666, le Parlement impose une amende à quiconque enterre un mort enveloppé dans une étoffe autre que la laine[2]. En vertu des lois sur les grains (les *corn laws*), les exportations de grains sont interdites,

1. Voir Herbert Heaton, *A History of Trade and Commerce, with Special Reference for Canada,* Toronto, Thomas Nelson & Sons, 1928, p. 103 sq ; et aussi John Hicks, *A Theory of Economic History,* Oxford, Clarendon Press, 1969, notamment p. 163.

2. Herbert Heaton, *op. cit.,* p. 107 sq.

sauf quand les prix chutent. Inversement, les importations ne sont autorisées que dans les périodes de pénurie. Les Actes de Navigation du XVIIe siècle ont pour effet de forcer les importateurs à utiliser des navires anglais[1].

Si le renforcement du pouvoir central dans les grands pays européens a facilité la mise en place de politiques protectionnistes, il a aussi favorisé la disparition des barrières intérieures – par exemple, les péages ou les privilèges corporatifs – qui freinaient considérablement le développement des échanges. Mancur Olson[2] considère que ce fut particulièrement vrai dans la Grande-Bretagne du XVIIIe siècle. Et cela expliquerait, entre autres choses, que la révolution industrielle ait précisément commencé dans ce pays.

III. – Du XIXe siècle à la première guerre mondiale

Contesté dès le XVIIIe siècle, le protectionnisme est battu en brèche durant le XIXe. Le modèle du libre-échange reste l'Angleterre qui, avec la suppression des *corn laws* en 1845 puis, dans les années qui suivent, de la plupart de ses autres tarifs, déclare en fait le libre-échange unilatéral. Il est intéressant de souligner que cette libéralisation considérable a été en particulier le résultat des efforts de Richard Cobden. Celui-ci a engagé une véritable campagne de « marketing » de grande ampleur pour montrer à chaque catégorie de citoyens – qu'ils soient ouvriers, entrepreneurs, mères de famille – les avantages qu'ils retireraient du libre-échange. Cet exemple montre bien que la pression des

1. *Ibid.*, p. 103-112.
2. Mancur Olson, *The Rise and Decline of Nations, op. cit.*

intérêts particuliers n'est pas seule en jeu et que l'état de l'opinion publique peut avoir un rôle important dans le caractère plus ou moins protectionniste d'une politique.

Dans les années 1860, le mouvement libre-échangiste est largement poursuivi en Europe, notamment avec la signature de plusieurs traités et la généralisation de la clause de la nation la plus favorisée.

La tendance du XIXe vers le libre-échange n'est pas parfaitement vérifiée aux États-Unis : certes, le tarif moyen – qui avait atteint 60 % en 1830 – a diminué aux environs de 20 % en 1860. Mais il reprend rapidement sa tendance haussière à la faveur de la guerre civile. À partir des années 1860, et jusqu'en 1910, le tarif américain moyen oscillera autour de 45 %[1].

En Europe, l'ère du libre-échange est de courte durée. Dès 1879, Bismarck relève les tarifs en Allemagne. Le gouvernement français emboîte le pas en 1892 avec les « tarifs Méline » (du nom du ministre de l'Agriculture). C'est de cette époque que l'histoire a retenu un exemple de l'ingéniosité des gouvernants pour fermer les frontières au commerce : voulant empêcher l'importation de bétail suisse, sans frapper le bétail danois, ni être accusé de discrimination contraire à la clause de la nation la plus favorisée, le gouvernement allemand, en 1902, décrète un tarif qui s'appliquera aux « vaches brunes ou *dappled* paissant à au moins 300 m au-dessus du niveau de la mer et au moins un mois chaque été à une altitude d'au moins 800 m »[2]. À la fin du XIXe siècle, la « guerre commerciale » fait rage.

1. Peter B. Kenen, *International Economics,* 2e éd., Englewood Cliffs (New Jersey), Prentice-Hall, p. 32-33.
2. *Ibid.,* p. 36.

IV. – Le XXe siècle avant la seconde guerre mondiale

Jusqu'au début de la *Grande Dépression* des années 1930, le protectionnisme va en s'accentuant. Et les politiques élaborées pour essayer de sortir de cette crise n'amélioreront pas la situation. Au lieu de rechercher la prospérité par l'échange, la plupart des gouvernements ont renforcé leurs politiques protectionnistes. Le prétexte en était évidemment l'emploi : compte tenu du fort taux de chômage, il semblait préférable de produire à l'intérieur plutôt que d'importer des biens étrangers. Mais, comme nous l'avons vu au chapitre IV, cet argument est fallacieux. Le protectionnisme ne pouvait, en effet, porter remède aux causes de cette crise, en particulier le surinvestissement, dû à une politique monétaire et à une politique de crédit trop expansionnistes au cours des années 1920, et le fait que, par la suite, au cours de la période de politique monétaire restrictive, les salaires avaient moins baissé que les prix de vente, mettant les entrepreneurs en difficulté.

Ce protectionnisme généralisé a évidemment réduit les échanges et il a prolongé la crise économique. Certaines tentatives ont cependant été faites avant la seconde guerre mondiale pour réduire les droits de douane et les restrictions quantitatives, mais elles restèrent modérées.

V. – Après la seconde guerre mondiale

Les leçons de l'avant-guerre ont sans doute porté quelques fruits : on s'est rendu compte que les différents pays s'épuisaient à vouloir, chacun à son tour, élever des barrières protectionnistes en réponse à celles des autres. L'après-guerre est donc marqué par des efforts coordonnés pour libéraliser les échanges. Comme nous l'avons déjà souligné, l'intégration commerciale européenne (au sein de la Communauté économique européenne, mais aussi de l'Association européenne de libre-échange) et le système de négociations multilatérales du GATT en sont les témoignages les plus visibles.

Le GATT n'avait pas, en principe, le caractère durable d'une organisation internationale. C'est cependant en le prolongeant et en plaçant des négociations commerciales successives sous son égide que la libéralisation commerciale mondiale a fait de grands progrès, au cours de sept grands cycles de négociations, s'étendant parfois sur plusieurs années. Ainsi, à la suite des négociations menées dans le cadre du Tokyo Round (commencé à Tokyo en 1973 et achevé en 1978), « les droits de douane sur les importations industrielles de 17 grands pays de l'OCDE bénéficiant de la clause de la nation la plus favorisée se situent autour de 4,5 % en moyenne. Le Tokyo Round aura également permis d'entamer un processus de libéralisation de certains obstacles non tarifaires importants »[1].

Par ailleurs, et en dérogation aux règles du GATT concernant l'égalité de traitement entre pays, on a vu se développer le « système généralisé de préférences » : il résulte d'un accord négocié en 1968 dans le cadre de la Conférence des Nations Unies sur le commerce et le développement (CNUCED) et il vise à accorder aux importations en provenance de pays peu développés un traitement préférentiel par rapport aux autres.

1. *Coûts et avantages des mesures de protection,* Paris, OCDE, avril 1985.

Mais parallèlement on constate deux évolutions en sens opposé :

- en premier lieu le renforcement de certaines mesures protectionnistes très spécifiques. C'est ainsi que le commerce des textiles fait l'objet d'un « Accord multifibres », d'ailleurs négocié au sein du GATT, mais en dérogation à ses règles. Il aboutit à des limitations quantitatives imposées par les pays les plus développés aux importations de produits textiles en provenance des pays moins développés (sous prétexte de limiter les importations venant des pays à bas coût de revient, argument que nous avons rencontré au chapitre IV...). « L'extension progressive des restrictions à caractère discriminatoire a pour effet de supprimer un volume croissant d'échanges »[1] ;
- en second lieu, les gouvernements ont développé des politiques de protection indirecte pour compenser leur perte d'autonomie dans le maniement des instruments protectionnistes traditionnels. C'est ainsi, comme nous l'avons déjà signalé, que la « politique industrielle » a connu un grand développement au cours de cette période.

Une autre caractéristique du protectionnisme moderne est l'importance qu'il donne à l'agriculture. On peut évidemment y voir une conséquence du caractère très puissant des groupes de pression dans ce domaine. C'est en tout cas l'agriculture qui a constitué la pierre d'achoppement des dernières négociations du GATT, dites Uruguay Round (commencées en 1986 à Punta del Este, en Uruguay, terminées en 1991, et qui ont rassemblé 107 pays). Les États-Unis qui ont

1. *Ibid.*

décidé de diminuer de 25 % leurs subventions à l'agriculture entre 1991 et 1996 ont essayé d'obtenir une libéralisation parallèle de la part des pays de la Communauté économique européenne. Mais la politique agricole européenne reste particulièrement protectionniste.

La libéralisation des échanges de produits industriels étant presque complète, les négociateurs du GATT se sont tournés vers d'autres dossiers, en particulier la libéralisation des échanges de services, la reconnaissance de la propriété intellectuelle, l'abaissement des barrières non tarifaires aux échanges, les mesures antidumping et l'investissement international. Mais c'est en partie grâce aux mesures de libéralisation que les échanges internationaux de marchandises ont pu augmenter en moyenne de 6 % par an au cours de la seconde moitié du XXe siècle.

VI. – Les débats autour de la « mondialisation »

Il est incontestable que de grands progrès en direction de la libéralisation des échanges ont été accomplis au cours des cinquante dernières années, ce qui explique que la « mondialisation » soit devenue un thème majeur des débats actuels, qu'elle soit acceptée ou qu'elle soit redoutée. Il doit être clair, à partir des analyses présentées précédemment, que la mondialisation est souhaitable dans la mesure où elle signifie la suppression des obstacles aux échanges et où l'échange est profitable pour les échangistes. Mais ces principes ne sont pas suffisamment connus et compris, ce qui peut facilement conduire à attribuer à la mondialisation des maux dont la source se trouve ailleurs. Il est également clair que la mondialisation rencontre l'hostilité de ceux qui avaient bénéficié des privilèges qu'apporte la protection. Mais ne faudrait-il pas, de ce point de vue, se poser la question fondamentale suivante : Est-il moralement légitime d'interdire à deux personnes, situées sur des territoires nationaux différents, de contracter librement pour leur plus grand bienfait ?

Au-delà de l'opposition traditionnelle entre les défenseurs du protectionnisme et les défenseurs de la liberté des échanges, on trouve à notre époque un conflit majeur entre deux approches de la libéralisation : pour certains, la libéralisation doit se faire à l'échelle du monde ; pour d'autres, elle doit être réalisée essentiellement au niveau d'ensembles régionaux. Il existe par ailleurs une opposition entre ceux pour lesquels la libre concurrence est le meilleur des mécanismes régulateurs (au niveau mondial ou régional) et ceux pour lesquels les marchés doivent être « organisés » et les processus politiques doivent réglementer les marchés[1].

On voit donc se développer à la fois une multiplication et un développement des arrangements régionaux (tels que l'Union européenne ou l'ALENA qui regroupe les États-Unis, le Canada et le Mexique[2]) et la poursuite des efforts en faveur d'une libéralisation mondiale. Du point de vue institutionnel, cette dernière est maintenant prise en charge par l'OMC (Organisation mondiale du commerce) qui a pris la suite du GATT en 1995. Cette organisation internationale – dont le secrétariat se trouve à Genève – comporte 140 mem-

1. On confond trop souvent la « régulation » et la « réglementation ». Or, la première n'implique absolument pas la seconde.

2. Par ailleurs, une idée fait son chemin aux États-Unis et en Grande-Bretagne, à savoir qu'il serait souhaitable d'instaurer une zone de libre-échange entre l'Europe et les États-Unis. Il est évident qu'une telle proposition rencontre l'hostilité affirmée des hommes politiques de plusieurs pays européens.

bres qui représentent 97 % du commerce mondial. Les décisions sont normalement le résultat d'un consensus entre les représentants des pays membres.

L'OMC a pour rôle d'aboutir à la signature d'accords multilatéraux sur le commerce et d'arbitrer les conflits éventuels qui peuvent surgir d'interprétations divergentes ou du non-respect des accords signés. Au cours des années récentes, des accords ont été signés sur la libéralisation des services de télécommunication, des produits relatifs aux technologies de l'information et des services financiers (pour lesquels l'accord couvre 95 % des échanges concernant la banque, l'assurance, les titres et l'information financière). En décembre 2001, la conférence de Doha (Qatar) a lancé des négociations dans le domaine de l'agriculture et des services, ainsi que dans celui des problèmes non tarifaires (investissement, propriété intellectuelle, politiques de concurrence, mesures antidumping, etc.). Ce nouveau cycle de négociations devrait se poursuivre jusqu'au 1er janvier 2005.

Les divergences entre pays restent grandes. Ainsi, certains pays développés souhaitent discuter de l'environnement, de la sécurité alimentaire et des normes sociales. Certains pays en développement et les dix-huit pays du « groupe de Cairns » (gros exportateurs de produits agricoles, comme l'Argentine, l'Australie, le Brésil ou le Canada) souhaitent une plus grande ouverture des marchés agricoles dans les pays les plus développés et la fin des subventions accordées à leurs activités agricoles, mais les pays en développement se refusent à discuter les normes sociales ou l'environnement. Quant à la France, elle s'oppose à la concurrence dans le domaine culturel (au nom de l' « exception culturelle française »).

BIBLIOGRAPHIE

Pour approfondir les questions relatives au libre-échange et au protectionnisme, on pourra évidemment se reporter aux manuels et traités d'économie internationale. Mais il est aussi recommandé de se reporter aux écrits de Frédéric Bastiat – le grand défenseur de la liberté des échanges au XIXe siècle – par exemple ceux qui ont été reproduits dans *Œuvres économiques,* textes présentés par Florin Aftalion, Paris, PUF, 1983, ou dans *Ce qu'on voit et ce qu'on ne voit pas,* Paris, Romillat, 2001.

Les ouvrages suivants, donnés à titre indicatif, traitent plus exclusivement du seul protectionnisme :

Corden W. Max, *The Theory of Protection,* Oxford University Press ; traduction française par Jean Van der Mensbrugghe, *La théorie de la protection,* Paris, Economica, 1977.

Lassudrie-Duchêne Bernard et Reiffers Jean-Louis, *Le protectionnisme,* Paris, Economica, 1985 (ouvrage collectif).

Olson Mancur, *The Rise and Decline of Nations,* Yale University Press, 1982 ; traduction française par Jean Gières et Dimitri Litvine, *Grandeur et décadence des nations,* Paris, Bonnel, 1983.

TABLE DES MATIÈRES

Imprimé en France
Imprimerie des Presses Universitaires de France
73, avenue Ronsard, 41100 Vendôme
Mai 2002 — N° 49 215